Nachhaltige Karriere – mit dem richtigen Job die Welt verändern

Saskia Juretzek • Sandra Broschat

Nachhaltige Karriere – mit dem richtigen Job die Welt verändern

Anregungen für den Ein- und Umstieg in die Nachhaltigkeit

2., aktualisierte und erweiterte Auflage

Mit einem Geleitwort von Aysel Osmanoglu und unter Mitarbeit von Fabian Sachse

Springer Gabler

Saskia Juretzek
München, Deutschland

Sandra Broschat
Oldenburg, Deutschland

ISBN 978-3-662-71086-9   ISBN 978-3-662-71087-6 (eBook)
https://doi.org/10.1007/978-3-662-71087-6

Die Deutsche Nationalbibliothek verzeichnet diese Publikation in der Deutschen Nationalbibliografie; detaillierte bibliografische Daten sind im Internet über https://portal.dnb.de abrufbar.

Planung/Lektorat: Mareike Teichmann
Springer Gabler ist ein Imprint der eingetragenen Gesellschaft Springer-Verlag GmbH, DE und ist ein Teil von Springer Nature.
Die Anschrift der Gesellschaft ist: Heidelberger Platz 3, 14197 Berlin, Germany

Wenn Sie dieses Produkt entsorgen, geben Sie das Papier bitte zum Recycling.

Geleitwort Aysel Osmanoglu

Liebe LeserInnen,

ich habe gelernt, dass es mir wichtig ist, Dinge zu tun, mit denen ich mich verbinden kann und hinter denen ich stehe. Nur so kann ich authentisch für etwas stehen. Jeden Tag kann ich meinen Lebenssinn mit meinen unterschiedlichsten Aufgaben und Rollen verbinden und wirksam sein.

Eine Studie des Zukunftsinstituts aus dem Jahre 2019 zeigt, dass genau dieser Aspekt immer mehr Berufseinsteigenden wichtig ist. Es geht den jungen Menschen um eine Aufgabe mit Sinn, einen Arbeitgeber, welcher ihren sozialen Anspruch teilt und durch nachhaltige Konzepte zukunftsfähig ist.

Jedoch sind es nicht nur die jungen Menschen, die diesen Impuls in sich spüren, auch die Berufserfahrenen unter uns nehmen zunehmend den Impuls in sich wahr und möchten diesem folgen.

Ich persönlich kann diese Gedanken auch deshalb gut nachvollziehen, weil mir während meines Studiums der Betriebswirtschaftslehre bewusst geworden ist, dass die Gewinnmaximierung als alleiniges Ziel des Wirtschaftens für mich nicht einleuchtend, nicht erfüllend und nicht nachvollziehbar war.

Wenn jeder in der Wertschöpfungskette das alleinige Ziel verfolgt, seinen materiellen Gewinn zu maximieren, ist dieses System nicht länger haltbar, vor allem dann nicht, wenn die sozialen und ökologischen Auswirkungen gänzlich ignoriert werden.

Damals wie heute hat sich an der wissenschaftlichen Erkenntnis und der Definition von Nachhaltigkeit nichts verändert. Jedoch wird der Umsetzungswille durch zunehmende Spürbarkeit der Auswirkungen unseres Handelns stärker. Eine schnelle Transformation ist wichtiger denn je. Es braucht Menschen wie du und ich an den richtigen Stellen in der Wirtschaft und in allen Sektoren.

Auf meinem beruflichen Weg durfte ich in unserem KundInnenkreis viele UnternehmerInnen kennenlernen, welche nachhaltig denken. Dabei sind Start-ups genauso vertreten wie viele Pioniere der ersten Stunde, ein bunter Blumenstrauß an wunderbaren Menschen, inspirierenden Ideen, mutmachenden Zukunftsbildern und sinnvollen Lösungen.

Diese Vielfältigkeit des Themas Nachhaltigkeit wird auch durch jedes einzelne Sustainable Development Goal (SDG) deutlich. So vielfältig und komplex die Thematik auch ist, so vielfältig können wir ihr eben auch nur begegnen. Es braucht jede und jeden einzelnen von uns. Setze deine fachlichen und persönlichen Kenntnisse ein und gehe beherzt deinen Weg, so wirst du deinen Wirkungsplatz finden und deinen Beitrag zu einem gesunden Weg für unsere gemeinsame Zukunft mitgestalten – deine persönliche Karriere in der Nachhaltigkeit.

Liebe Saskia und liebe Sandra – vielen Dank für dieses Buch mit einem so wunderbaren wie auch wichtigen Thema.

Aysel Osmanoglu
Vorständin der GLS Bank

Vorwort der Autorinnen

Mehr denn je ist Nachhaltigkeit in der breiten Öffentlichkeit angekommen und Teil der politischen Debatte. Der im Jahr 2021 veröffentlichte Bericht des Intergovernmental Panel on Climate Change (IPCC) der Vereinten Nationen belegt erneut die Dringlichkeit für eine nachhaltige Transformation. Dafür braucht es Menschen, die diese mit Mut, Ausdauer und Einsatz voranbringen. Die gute Nachricht: Ob SchulabsolventInnen, BerufseinsteigerInnen oder BerufsumsteigerInnen – immer mehr von ihnen überlegen, wie sie nicht nur im Privaten, sondern auch im Beruflichen einen konkreten Beitrag leisten können. Wir freuen uns, dass Sie sich mit diesem Buch beruflich (um-)orientieren möchten.

Das Buch ist ein Ratgeber, der dabei helfen soll, die nächsten Schritte zu planen und den eigenen Weg zu finden. Ob auf Unternehmensseite, als BeraterIn, in einer Nichtregierungsorganisation (NGO), einer Stiftung oder der Politik: Die Rollen und Stellenprofile sind vielfältig und spannend. Um einen Überblick über mögliche Wege zu geben, haben wir ExpertInnen in unterschiedlichsten Rollen interviewt.

Unser besonderer Dank gilt unseren InterviewpartnerInnen, die uns Einblicke in ihre persönlichen Karrierewege und ihren Arbeitsalltag gegeben und das Buch haben lebendig werden lassen.

Auch wir Autorinnen haben über ursprünglich klassische Studiengänge und Berufe dann unseren Weg in die Nachhaltigkeit gefunden und sind mit dieser Wahl mehr als glücklich. Auch wenn der Berg an Herausforderungen manchmal unendlich hoch erscheint: Es lohnt sich sehr. Wir möchten mit diesem Buch jede/n ermutigen, sich zu engagieren und die eigene Zeit für das aus unserer Sicht wichtigste Ziel einzusetzen: einen lebenswerten Planeten für uns alle.

Wir hoffen, dass dieses Buch Sie anspornt, den Start oder Wechsel in eine nachhaltige Karriere zu wagen.

Ganz im Sinne von Mahatma Gandhi: „Be the change you want to see."

Herzlich, Saskia Juretzek und Sandra Broschat

München, Deutschland   Dr. Saskia Juretzek
Oldenburg, Deutschland   Sandra Broschat

Vorwort zur 2. Auflage

Mittlerweile wurde in 2023 der nächste IPCC-Bericht veröffentlicht und Klima- aber auch andere Krisen nehmen zu. Durch die aktuellen regulatorischen Entwicklungen – wie das Omnibus-Verfahren zur Anpassung und Verschiebung der CSRD, CSDDD und EU-Taxonomie sowie die geplante Aussetzung des LkSG in Deutschland – werden die Anforderungen an die Nachhaltigkeitsberichterstattung und Sorgfaltspflichten für viele Unternehmen vorerst reduziert oder zeitlich verschoben. Umso mehr braucht es den Mut, Veränderungen zu wagen und zur nachhaltigen Transformation beizutragen. Gerade in einer krisengeprägten Zeit gibt uns proaktives Handeln das Gefühl, etwas tun zu können, etwas zur Lösung beizutragen und damit nicht ganz so unbeteiligt zuzuschauen.

Für die zweite Auflage haben wir einige inhaltliche Änderungen vorgenommen.

Die Bereiche der Studiengänge und der Weiterbildungen wurden aktualisiert und ergänzt. Im Buch stellen wir ausgewählte Studiengänge vor, die im Kontext unternehmerisches Nachhaltigkeitsmanagement relevant sind und haben eine erweiterte Excel-Tabelle erstellt, die angrenzende Studiengänge enthält und zum Download bereitgestellt wird. Ähnliches gilt für die Weiterbildungen.

Die Rollenbeschreibungen wurden überarbeitet und um wesentliche Änderungen im Berufsbild ergänzt, bspw. durch die CSRD, das LkSG, die CSDDD sowie die Green Claims Directive.

Wir danken Fabian Sachse, der die Überarbeitung des Buches maßgeblich vorangetrieben hat.

Auch mit dieser Auflage hoffen wir, möglichst viele MitstreiterInnen für die Nachhaltigkeit zu gewinnen.

Herzlich, Saskia Juretzek und Sandra Broschat

München, Deutschland   Dr. Saskia Juretzek
Oldenburg, Deutschland   Sandra Broschat

Inhaltsverzeichnis

Über die Autorinnen

Dr. Saskia Juretzek beschäftigt sich seit über 14 Jahren mit unternehmerischer Verantwortung und hat sich nach einem betriebswirtschaftlichen Studium auf unternehmerische Nachhaltigkeit spezialisiert. Nach ihrem Karrierestart in der Unternehmensberatung Accenture promovierte sie an der Leuphana Universität Lüneburg, wo sie in ihrer Dissertation die Kompetenzen von Nachhaltigkeitsmanagern untersuchte, die notwendig sind, um Nachhaltigkeit erfolgreich umzusetzen. Parallel dazu war sie mehrere Jahre im Nachhaltigkeitsmanagement von Telefónica Deutschland tätig. Von 2015 an arbeitete sie im globalen Nachhaltigkeitsmanagement der Allianz SE, wo sie unter anderem für die Themen Nachhaltigkeitsstrategie und -governance sowie für Berichterstattung und -prüfung verantwortlich war. Im Sommer 2022 übernahm sie als Head of Sustainability die Leitung des Nachhaltigkeitsbereichs bei der Tengelmann Twenty-One KG, zu der u. a. Obi und

KiK gehören. Als ausgewiesene Expertin hält sie Gastvorlesungen und Vorträge und ist Beiratsmitglied im MBA-Programm „Zukunftstrends und Nachhaltiges Management" an der Hochschule für Wirtschaft und Umwelt Nürtingen-Geislingen. Darüber hinaus hat sie zahlreiche Buch- und Blogbeiträge veröffentlicht. Sie ist Mitgründerin sowie Beirätin von Futurewoman, einer Initiative zur Förderung von Frauen in nachhaltigen Berufen.

Sandra Broschat ist eine erfahrene Nachhaltigkeitsexpertin mit Expertise in der Getränke- und Sportindustrie. Nach ihrer Ausbildung zur Verlagskauffrau studierte sie Gesellschafts- und Wirtschaftskommunikation (Bachelor) an der Universität der Künste Berlin. 2011 startete sie ihre Karriere bei Coca-Cola und war in verschiedenen Nachhaltigkeitsrollen auf deutscher und europäischer Ebene tätig. Von 2020 bis 2023 verantwortete sie als Nachhaltigkeitsleiterin beim mittelständischen Unternehmen Mast-Jägermeister SE den Aufbau eines strategischen Nachhaltigkeitsmanagements. Parallel absolvierte sie berufsbegleitend den MBA-Studiengang Sustainability Management an der Leuphana Universität Lüneburg. Seit 2024 führt sie beim Bundesligisten SV Werder Bremen das Nachhaltigkeitsteam mit 17 Mitarbeitenden. Sie ist Mitgründerin und Beirätin von Futurewoman sowie Mitglied im Unternehmensbeirat der Hochschule Bremen. Broschat ist eine gefragte Referentin für Paneldiskussionen, Workshops und Vorträge und wurde in ihrer Laufbahn bereits mehrfach für ihre Nachhaltigkeitsleistungen ausgezeichnet.

1

Die Rolle der NachhaltigkeitsmanagerInnen – Quo vadis?

Spulen wir die Zeit 10 bis 15 Jahre zurück: Die Rolle der Nachhaltig-keitsmanagerInnen war eine Seltenheit in der deutschen Unternehmens-landschaft. Ganz anders sieht das heute aus. So ergibt eine Schlagwort-suche nach „NachhaltigkeitsmanagerIn" und „Sustainability ManagerIn" im Jahr 2024 auf der Vernetzungsplattform LinkedIn 28.000 Suchergeb-nisse – allein in Deutschland.

Doch nicht nur die Anzahl der Nachhaltigkeitsverantwortlichen steigt, auch die Rolle an sich wandelt sich und erlangt aus inhaltlicher Perspek-tive immer mehr an Bedeutung. Dies lässt sich exemplarisch anhand des Reifegrades eines Unternehmens in Bezug auf Nachhaltigkeit beschrei-ben. In Unternehmen, die sich noch nicht ganzheitlich mit dem Thema Nachhaltigkeit auseinandergesetzt haben (= geringer Reifegrad), werden die Aufgaben mehrheitlich vom Kommunikationsbereich oder Umwelt-management übernommen.

Existiert die Nachhaltigkeitsrolle in einem Unternehmen, welches Nachhaltigkeit bereits als Teil der Unternehmensstrategie und Zielvor-gaben implementiert hat (= hoher Reifegrad), agiert die Rolle als strategi-sche Managementfunktion, welche aus zentraler Position heraus mit allen Fachbereichen und der Führungsebene zusammenarbeitet. Im Fol-

© Der/die Autor(en), exklusiv lizenziert an Springer-Verlag GmbH, DE, ein Teil von
Springer Nature 2025
S. Juretzek, S. Broschat, *Nachhaltige Karriere – mit dem richtigen Job die Welt
verändern*, https://doi.org/10.1007/978-3-662-71087-6_1

genden werden die verschiedenen Anforderungen an NachhaltigkeitsmanagerInnen beispielhaft – abhängig vom Reifegrad des Unternehmens – beschrieben. Dieses Verständnis ist für Ein- und UmsteigerInnen relevant, um bei der Jobsuche die Tätigkeitsprofile besser einordnen und nach erfolgreichem Einstieg ggfs. die Nachhaltigkeitsrolle weiterentwickeln zu können. Einen ersten Überblick bietet Abb. 1.1.

Eine Rolle im Wandel – Vom Corporate Citizenship hin zu einem institutionalisierten Nachhaltigkeitsmanagement

Planetary Boundaries, Science Based Targets, United Nation Sustainable Development Goals, ISO 26000, Carbon Footprint, Life Cycle Assessment, Circular Economy, LkSG, CSRD-Berichtspflicht. Das ist nur eine kleine Auswahl an Begrifflichkeiten, mit denen Nachhaltigkeitsverantwortliche in Unternehmen konfrontiert werden. Sie fungieren heute als interne und externe Schnittstelle und sind damit betraut, strategische Fragestellungen zu beantworten und das eigene Unternehmen bei der nachhaltigen Transformation zu begleiten und voranzubringen.

Doch dies ist eine Beschreibung der Gegenwart, die Rolle hatte zu Beginn nicht annähernd diese Aufmerksamkeit und Bedeutung. Sehen wir uns die Anfänge „als guter Nachbar" genauer an.

Stufe 1: Das Unternehmen als guter Nachbar (geringer Reifegrad bzgl. Nachhaltigkeit)

Die Rolle der NachhaltigkeitsmanagerInnen hat ihren Ursprung in den Aufgabenfeldern Corporate Social Responsibility und Kommunikation. Exemplarisch lässt sie sich beschreiben als „der/die KommunikatorIn". Zum Alltagsgeschäft gehörten Spenden, Sponsoring und PR-Maßnahmen, aber auch die Organisation von sogenannten Corporate-Volunteering-Einsätzen im Rahmen einer Nachbarschaftshilfe (sog. Corporate Citizenship Engagement). Ein gängiges Zielbild der Aufgabe lautete: „Das Unternehmen als guter Nachbar in der Region". Aufgaben, die im Umweltmanagement liegen, hatten hierzu in der Regel keine Schnittstelle.

Der Einfluss der Rollen auf das unternehmerische Handeln ging gegen null, viel eher wurde dieses nur ergänzt bzw. gingen die Tätigkeiten über die eigentliche Geschäftstätigkeit hinaus (vgl. Korfmacher, 2003). Als stärkster Treiber gilt hier das Reputationsmanagement (vgl. Schaltegger & Petersen, 2009).

GERINGER REIFEGRAD BZGL. NACHHALTIGKEIT

Treiber: Reputation

Nachhaltigkeit als Teil der Kommunikationsabteilung

Beispiel für Rollenprofil: CSR-ManagerIn mit Kommunikations-
erfahrung berichtet an Leitung PR und Kommunikation
Arbeitsalltag: Erstellung des ersten Nachhaltigkeitsberichts, Organisation
von Corporate Volunteering, Beantwortung von Sponsoring-Anfragen

MITTLERER REIFEGRAD BZGL. NACHHALTIGKEIT

Treiber: interne und externe Stakeholder-Erwartungen

Nachhaltigkeit als eigener Fachbereich mit 4 MitarbeiterInnen
und Berichtslinie an einen Vorstandsbereich

Beispiel für Rollenprofil: NachhaltigkeitsmanagerIn mit fachlicher
Erfahrung berichtet an Leitung Nachhaltigkeit
Arbeitsalltag: Regelmäßige Abstimmung mit Fachbereichen zur Erreichung
von Nachhaltigkeitszielen, Erstellung eines jährlichen Nachhaltigkeitsberichts,
Organisation eines Stakeholder-Dialogs

HOHER REIFEGRAD BZGL. NACHHALTIGKEIT

Treiber: Klimawandel, politische Regularien (z. B. CSRD-Richtlinie),
interne und externe Stakeholdererwartungen

Nachhaltigkeitsabteilung mit 4 MitarbeiterInnen in der Zentrale zur
Steuerung aller Nachhaltigkeitsaspekte. Innerhalb jedes Geschäftsbereichs/
jeder Gesellschaft jeweils ein/e NachhaltigkeitsmanagerIn zur ganzheitlichen
Integration von Nachhaltigkeit im Unternehmen und zur Sicherstellung
der Erreichung von Nachhaltigkeitszielen.

Beispiel für Rollenprofil: Senior NachhaltigkeitsmanagerIn
mit langjähriger Erfahrung verantwortet die strategische Umsetzung
von Nachhaltigkeit und die Berichterstattung
Arbeitsalltag: Steuerung internes Nachhaltigkeitsgremium mit VertreterInnen
aus allen Geschäftsbereichen, Datenerhebung für Nachhaltigkeitsberichterstattung (nicht-finanzielle Berichterstattung), Workshop mit Vorstand
und Aufsichtsrat zur Verabschiedung neuer Nachhaltigkeitsziele

Abb. 1.1   Rolle von NachhaltigkeitsmanagerInnen im Wandel

Neben anderen Ereignissen ebnete die Erstellung eines ersten Nachhaltigkeitsberichts den Weg zur nächsten Evolutionsstufe: „der/die fachliche ÜberzeugerIn".

Stufe 2: Nachhaltigkeit als Schnittstelle (mittlerer Reifegrad bzgl. Nachhaltigkeit)

Mit der Erstellung eines ersten Nachhaltigkeitsberichts erweitert sich der Aktionsradius der Nachhaltigkeitsrolle deutlich. Wer zum ersten Mal mit der Aufgabe betraut wird, einen solchen Bericht zu erstellen, stellt fest, wie ganzheitlich, komplex und aufwendig diese Arbeit ist. Grundlage ist in der Regel eine sogenannte Wesentlichkeitsanalyse: Im Austausch mit internen und externen StakeholderInnen wird ausgewertet, was die wesentlichen Aktionsfelder für das Unternehmen sind. Es geht hierbei um die Fragen: Wo besteht der größte Handlungsbedarf und wo liegt das größte Potenzial für eine positive soziale und ökologische Wirkung? Für die Aktionsfelder sollten anschließend Ziele und Kennzahlen definiert werden, was in der Konsequenz dazu führt, dass Nachhaltigkeitsverantwortliche mit zahlreichen KollegInnen im Kontakt sind und sich die Rolle so als Schnittstellenfunktion etabliert. Auch die Erhebung von Kennzahlen für den Nachhaltigkeitsbericht ist von viel interner Kommunikation über alle Abteilungsgrenzen hinweg geprägt. Der Erstellung des Nachhaltigkeitsberichtes vorausgegangen sind in der Regel gestiegene interne und externe Stakeholdererwartungen. Hierzu gehören beispielsweise vermehrte Anfragen von eigenen KonsumentInnen, GeschäftspartnerInnen oder den MitarbeiterInnen. Um die Glaubwürdigkeit des Nachhaltigkeitsengagements zu untermauern, braucht es einen konkreten Fortschritt in Richtung mehr nachhaltiges Handeln. Als Ergebnis wachsen die Nachhaltigkeitsbereiche, um dem Anspruch als Schnittstelle und Treiber für eine nachhaltige Transformation gerecht zu werden. In dieser Evolutionsstufe berichten die Nachhaltigkeitsbereiche vermehrt an die oberste Führungsebene, um sicherzustellen, dass die Maßnahmen systematisch mit den langfristigen Zielen des Unternehmens zusammenpassen (vgl. Schaltegger & Petersen, 2009).

Eine exemplarische Übersicht von Nachhaltigkeitsmanagement als Schnittstellenfunktion zu anderen Fachbereichen bietet Abb. 1.2.

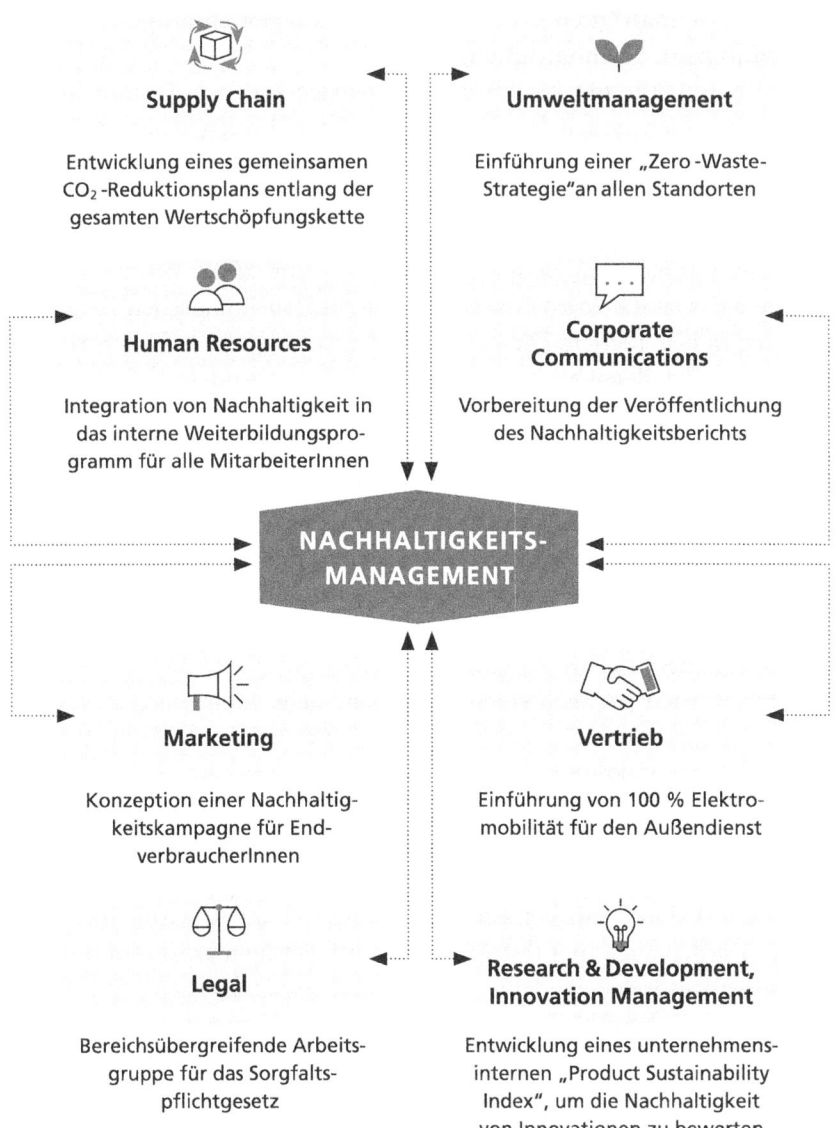

Supply Chain

Entwicklung eines gemeinsamen CO$_2$-Reduktionsplans entlang der gesamten Wertschöpfungskette

Umweltmanagement

Einführung einer „Zero-Waste-Strategie"an allen Standorten

Human Resources

Integration von Nachhaltigkeit in das interne Weiterbildungsprogramm für alle MitarbeiterInnen

Corporate Communications

Vorbereitung der Veröffentlichung des Nachhaltigkeitsberichts

NACHHALTIGKEITS-MANAGEMENT

Marketing

Konzeption einer Nachhaltigkeitskampagne für EndverbraucherInnen

Vertrieb

Einführung von 100 % Elektromobilität für den Außendienst

Legal

Bereichsübergreifende Arbeitsgruppe für das Sorgfaltspflichtgesetz

Research & Development, Innovation Management

Entwicklung eines unternehmensinternen „Product Sustainability Index", um die Nachhaltigkeit von Innovationen zu bewerten

Abb. 1.2 Nachhaltigkeit als Schnittstellenfunktion im Unternehmen mit beispielhaften Projekten

Stufe 3: Nachhaltigkeit als strategische Managementaufgabe (hoher Reifegrad bzgl. Nachhaltigkeit)

Spricht man heute mit NachhaltigkeitsmanagerInnen in Unternehmen, die bereits einen hohen Nachhaltigkeitsreifegrad erlangt haben, so berichten diese, dass sich der Kontakt zur Führungsebene im Verhältnis zu Stufe 2 deutlich erhöht und intensiviert hat.

Dies resultiert aus verstärkten externen Treibern. Hierzu gehört u. a. der politische Rahmen, wie beispielsweise das im Juni 2021 vom Deutschen Bundestag verabschiedete Gesetz über die unternehmerischen Sorgfaltspflichten in Lieferketten. Dieses sorgt in der Konsequenz in Unternehmen dafür, dass die Bereiche Nachhaltigkeit, Einkauf und Recht enger zusammenarbeiten müssen, um die Einhaltung der mit dem Gesetz eingehenden Pflichten zu gewährleisten. (Zum Stand Mai 2025 wird über die Abschaffung des Lieferkettensorgfaltspflichtengesetzes diskutiert.)

Ebenso haben sich die Erwartungen der externen und internen Stakeholder erhöht: Die Bewegung „Friday's for Future" hat bei zahlreichen Menschen für ein größeres Bewusstsein zur Bedeutung des Klimaschutzes gesorgt, die COVID-19-Pandemie führt bei MitarbeiterInnen zu einer niedrigeren Bereitschaft zu Geschäftsreisen, die Nachfrage bei KonsumentInnen nach nachhaltigeren Produkten steigt kontinuierlich. Nicht zuletzt verstärkt auch die medial immer größer werdende Aufmerksamkeit zu den Auswirkungen des Klimawandels das Bewusstsein in der breiten Gesellschaft, dass gehandelt werden muss.

Nachhaltigkeitsbeauftragte, die bereits einen Nachhaltigkeitsbericht für ein Unternehmen erstellt haben und im Verlauf der weiteren beruflichen Laufbahn damit betraut werden, eine Treibhausgasbilanz zu erstellen, werden auch hier feststellen, wie aufwendig dies ist und mit wie vielen KollegInnen sie dafür in Kontakt treten müssen. An dieser Übung zeigt sich auch: Die konkreten Verbesserungen zur Reduzierung von klimaschädlichen Emissionen müssen innerhalb der Fachbereiche und entlang der gesamten Wertschöpfungskette entwickelt und umgesetzt werden. Dies ist nicht die Aufgabe der NachhaltigkeitsmanagerInnen allein, sondern der Bereichsleitungen und der dort ansässigen MitarbeiterInnen. Prof. Dr. Dr. h.c. Stefan Schaltegger beschreibt dies im nachfolgenden Interview mit den Bezeichnungen implizite und explizite NachhaltigkeitsmanagerInnen (siehe Interview, Kap. 1).

Die NachhaltigkeitsmanagerInnen sind vielmehr für die Koordination und Steuerung zuständig. Mit Bezug auf das erwähnte Beispiel der Treibhausgasbilanz, wird so sichergestellt, dass verabschiedete Reduktionsziele für Treibhausgasemissionen erreicht werden. Die Rolle lässt sich in dieser Evolutionsstufe somit als „der/die vernetzte ManagerIn" beschreiben.

Der Rolle des Nachhaltigkeitsverantwortlichen kann daher auch eine besondere Verantwortung im Unternehmen zugerechnet werden – wohl kaum eine Rolle im Unternehmen agiert als solche Querschnittsaufgabe und ist dafür zuständig, ökologische, soziale und ökonomische Leistungen so auszurichten, dass sie eine nachhaltige Wirkung entfalten können. Oftmals fallen in diesem Zusammenhang die Schlagworte Wettbewerbsvorteil und Innovationstreiber. Wenn Unternehmen Nachhaltigkeit als Motor für Innovationen und Effizienzen verstehen, kann dies den Geschäftserfolg langfristig sichern und dafür sorgen, dass das Unternehmen eine gute Reputation genießt und als attraktiver Arbeitgeber wahrgenommen wird (vgl. Hasenmüller, 2013).

Die NachhaltigkeitsmanagerInnen von Morgen

Beide Autorinnen dieses Buches arbeiten seit über 10 Jahren in verschiedenen Nachhaltigkeitsfunktionen. Während einer Autorin ein Mitglied der Geschäftsführung einmal sagte: „Mit dem Wechsel in die Nachhaltigkeit landet Ihre Karriere in der Sackgasse" und die andere ungläubig angesehen wurde, als sie sich eine Auszeit vom Job nahm, um in diesem Feld zu promovieren, lässt sich heute feststellen: Nachhaltigkeit wächst, erlangt immer mehr an Bedeutung und wird zur Pflicht für Unternehmen. Die steigende Zahl von Nachhaltigkeitsrollen in Unternehmen hat einen weiteren Effekt: Mit den stetig wachsenden Erwartungen an Unternehmen entwickeln sich die Rollen in die Breite – diese Vielfalt der Rollen stellen wir mittels Interviews in Kap. 4 ausführlicher dar.

Eine erfreuliche Entwicklung ist sicherlich auch der Trend, dass Nachhaltigkeit auf Vorstands- und Aufsichtsratsebene Einzug hält. Galt früher die Rolle CSO als Synonym für Chief Sales Officer, wird sie nun immer öfter für den Chief Sustainability Officer verwendet.

Diese Entwicklung auf den höchsten Unternehmensebenen ist im Umkehrschluss eine gute Nachricht für alle, die in die Nachhaltigkeit ein- oder umsteigen möchten. Die Bedeutung des Themas steigt und damit auch die

Nachfrage nach NachhaltigkeitsmanagerInnen. Hinzu kommt, dass die Perspektive der zentralen Nachhaltigkeitsabteilung strategischer und ganzheitlicher wird, weshalb in größeren Unternehmen weitere Stellen für Nachhaltigkeitsverantwortliche, z. B. auf regionaler und operativer Ebene, entstehen (Abb. 1.2). Zu guter Letzt kann die Nachhaltigkeit auch die Türen öffnen für eine internationale Laufbahn, ob in den klassischen Industrienationen oder den sich entwickelnden Ländern: Es gibt eine globale Nachfrage nach Köpfen mit Nachhaltigkeitswissen.

Interview mit Prof. Dr. Dr. h.c. Stefan Schaltegger

Gründer und Leiter des Centre for Sustainability Management (CSM), Leuphana Universität Lüneburg

Zur Person: **Prof. Dr. Dr. h.c. Stefan Schaltegger** ist Gründer und Leiter des Centre for Sustainability Management (CSM) an der Leuphana Universität Lüneburg und des weltweit ersten MBAs zu Nachhaltigkeitsmanagement (MBA Sustainability Management; www.sustainament.de). Seine Forschungsschwerpunkte umfassen Themen des unternehmerischen Nachhaltigkeitsmanagements, wie nachhaltige Geschäftsmodelle, nachhaltiges Unternehmertum, Messung und Management von Nachhaltigkeitsleistung, unternehmerische Praktiken des Nachhaltigkeitsmanagements, Management von Stakeholderbeziehungen sowie Methoden und operative Umsetzung unternehmerischer Nachhaltigkeit. Stefan Schaltegger gehörte gemäß World Scientist Ranking 2020 zu den 2 % der meistzitierten Forschenden, hat u. a. an der University of Washington, University of Sydney und University of South Australia geforscht und ist Autor von über 500 Publikationen, davon über 400 internationale Fachzeitschriftenartikel.

Die Rolle der NachhaltigkeitsmanagerInnen war früher selten – heute wächst die Anzahl der Nachhaltigkeitsmanager in Unternehmen rasant. Wie hat sich das Profil der Rollen im Nachhaltigkeitsbereich innerhalb der letzten 10 Jahre verändert?

Seit Jahrzehnten nimmt die Bedeutung von Nachhaltigkeitsthemen für die Existenzsicherung und Wettbewerbsfähigkeit zu. Damit einhergehend hat das professionelle Management ökologischer und sozialer Aspekte in immer mehr Unternehmen Einzug gefunden. Neben Nachhaltigkeitsbeauftragten oder -managerInnen, die explizit als solche bezeichnet werden und meist in Abteilungen zu CSR, Umwelt, Sicherheit und Gesundheit arbeiten, können jene Führungskräfte als „implizite" NachhaltigkeitsmanagerInnen bezeichnet werden, die im Rahmen ihrer konventionellen Aufgaben eine nachhaltige Unternehmensgestaltung professionell vorantreiben (z. B. NachhaltigkeitsmanagerInnen im Einkauf, in der Produktion, in der Logistik). Da Nachhaltigkeit eine Querschnittsaufgabe darstellt und deshalb in jeder Abteilung bearbeitet werden sollte, übertrifft die Anzahl impliziter NachhaltigkeitsmanagerInnen die Anzahl expliziter in vielen fortschrittlichen Unternehmen.

Mit der zunehmenden Professionalisierung stellt sich die Frage nach den Anforderungen und Kompetenzen, die nicht nur zwischen expliziten und impliziten NachhaltigkeitsmanagerInnen, sondern auch je nach Abteilung, Branche und Unternehmensgröße deutliche Unterschiede aufweisen können. Explizite und implizite NachhaltigkeitsmanagerInnen beschäftigen sich mit einer Vielzahl wechselnder Themen wie Energieeffizienz, Klimaschutz, Diversität, Berichterstattung oder Lieferkettengestaltung. Insgesamt können 2 wesentliche Entwicklungen im Berufsfeld des Nachhaltigkeitsmanagements beobachtet werden: zunehmende Spezialisierung und strategische Verankerung in der Geschäftsentwicklung, wobei letzteres in jüngerer Zeit deutlich an Bedeutung gewonnen hat.

Welche Kompetenzen braucht es in der unternehmerischen Praxis, um eine nachhaltige Transformation zu gestalten?
Von den 3 zentralen Qualifikationsanforderungen – Fach-, Methoden- und Persönlichkeitskompetenz – ist die fachliche Expertise die naheliegendste. Sie reicht von Fachwissen zur Identifikation der strategischen Relevanz von Umwelt- und Sozialthemen über Möglichkeiten zur Weiterentwicklung von Unternehmens- und Geschäftsstrategie und des Geschäftsmodells bis zur operativen Umsetzung von Umwelt- und Sozialmanagementsystemen. Analytische Fähigkeiten und ein fundiertes Verständnis von strategischen Erfolgsfaktoren sowie der Funktionsweise und der Gestaltung eines Geschäftsmodells sind insbesondere für implizite, aber auch explizite NachhaltigkeitsmanagerInnen unabdingbar.

Neben Expertenwissen zu unternehmerischer Nachhaltigkeit sind auch fundierte Grundlagenkenntnisse der Betriebswirtschaftslehre notwendig, um hilfreiche Impulse mit dem jeweiligen Fachterminus qualifiziert mit Fachabteilungen zu vermitteln und Problemlösungen in verschiedenen Unternehmenskontexten zu generieren. Neben dem üblichen Management-Know-how, nach dem „Was" und „Wie", geht es auch um das „Warum". Viel stärker als bei konventionellen Managementfragen wird eine überzeugende, auf gesellschaftlichem und betrieblichem Nutzen aufbauende Begründung verlangt. Darüber hinaus sind Anwendungs- und Handlungskompetenzen notwendig, um eine erfolgreiche Umsetzung zu unterstützen.

Der umfassende und ambitionierte Anspruch des Nachhaltigkeitsmanagements kann nicht von einem Einzelnen erreicht werden. Vielmehr ist ein funktionierendes Zusammenspiel mit anderen Akteuren erforderlich. Explizite NachhaltigkeitsmanagerInnen sind nur wirkungsvoll, wenn es ihnen gelingt, ein unternehmensinternes und -externes Netzwerk aufzubauen sowie andere zu motivieren und zu befähigen, als implizite NachhaltigkeitsmanagerInnen in ihren Wirkungsbereichen Nachhaltigkeit unternehmerisch umsetzen. Damit gehören Kommunikations- und Netzwerkfähigkeiten sowie „Soft Skills" zu den essenziellen Anforderungen dieses Berufsstands. NachhaltigkeitsmanagerInnen sind gefordert, Umwelt- und Sozialprojekte mit EntscheidungsträgerInnen und erfolgsrelevanten Stakeholdern inner- und außerhalb des Unternehmens zu koordinieren. Da unternehmerische Verantwortung eine Querschnittsaufgabe darstellt, bestehen Schnittpunkte zu allen betrieblichen Abteilungen.

Was raten Sie Berufserfahrenen, die sich im Laufe ihres beruflichen Werdegangs in Richtung Nachhaltigkeit umorientieren wollen?
Begeben Sie sich unter Gleichdenkende, mit denen Sie sich gegenseitig motivieren, voneinander lernen und gemeinsam etwas bewegen können. Werden Sie Teil des MBA-Sustainability-Management-Netzwerks (Anmerkung der Autorinnen: siehe Abschn. 2.1.2). Sie eignen sich nicht nur Wissen an, sondern entwickeln Fähigkeiten und Kontakte, die Ihnen ermöglichen, einen positiven Unterschied zu bewirken.

Literatur

Hasenmüller, P. (2013). *Herausforderungen im Nachhaltigkeitsmanagement.* Springer Gabler.

Korfmacher, S. (2003). Corporate Volunteering in Deutschland: soziales und zivilgesellschaftliches Lernen durch unternehmerisches bürgerschaftliches Engagement. In G. Mutz (Hrsg.), *Die Gesellschaft umbauen: Perspektiven bürgerschaftlichen Engagements* (S. 100–132). Sozialpädagogisches Institut im SOS-Kinderdorf e.V.

Schaltegger, S., & Petersen, H. (2009). Corporate Social Responsibility (CSR) nachhaltig im Unternehmen verankern. *Journal of Social Science Education, 8,* 67–79.

2

Aus- und Weiterbildungen

Dieses Kapitel gibt einen Überblick über die relevanten Studiengänge und Weiterbildungsangebote. Es soll BerufseinsteigerInnen und UmsteigerInnen dabei helfen, sich systematisch mit möglichen Bachelor-, Master- und Master-of-Business-Administration-Studiengängen in Deutschland auseinanderzusetzen und das für sich richtige Angebot auszuwählen. In die Auswahl gelangten die Studiengänge, die sich dediziert auf Nachhaltigkeit und Nachhaltigkeitsmanagement ausgerichtet haben, sich durch renommierte DozentInnen und ProfessorInnen auszeichnen und/ oder eine praxisnahe Lehre anbieten.

Ergänzt wird dies durch eine Übersicht von Weiterbildungen. Diese konzentriert sich auf Angebote von etablierten Anbietern, die fachlich kompetent im Bereich Grundlagenwissen weiterqualifizieren.

Ergänzende Information Die elektronische Version dieses Kapitels enthält Zusatzmaterial, auf das über folgenden Link zugegriffen werden kann [https://doi.org/10.1007/978-3-662-71087-6_2].

S. Juretzek, S. Broschat, *Nachhaltige Karriere – mit dem richtigen Job die Welt verändern*, https://doi.org/10.1007/978-3-662-71087-6_2

13

2.1 Studiengänge

Die gute Nachricht vorweg: Das Angebot für Studiengänge mit einem Fokus auf Nachhaltigkeitsmanagement wächst stetig und ist vor allem seit der ersten Auflage nochmals enorm gestiegen.

Die nachfolgende Auswahl sollte daher als Startpunkt verstanden werden, für die eigene Recherche und Auseinandersetzung mit der Frage, was der richtige Studiengang für einen Bachelor-, Master- oder MBA-Abschluss ist. In unserer Recherche haben wir die öffentlich zugänglichen Informationen auf den Internetseiten der Hochschulen sowie die Datenbank des Centrums für Hochschulentwicklung (CHE) verwendet. Besondere Kriterien bei der Auswahl waren für uns: Reputation in Form von ProfessorInnen, die regelmäßig im Themenfeld publizieren, sowie eine ausreichende Praxisanbindung.

Bevor die ersten Studiengänge vorgestellt werden, noch ein Gedankenanstoß für die Recherche: In einer idealen Welt sollte jeder Studiengang Nachhaltigkeitslehre als festen Bestandteil integriert haben, da Nachhaltigkeit alle Lebensbereiche und somit auch jedes Studienfach betrifft. Dieser Logik folgen immer mehr (Fach-)Hochschulen. Es lohnt sich daher, einen genauen Blick auf die Vision und Schwerpunkte zu werfen und die Modulkataloge genau zu lesen. So ist ein Studium mit Nachhaltigkeitsbezug machbar – auch ohne die Auswahl eines Studienganges mit Schlagworten wie Nachhaltigkeit oder Sustainability Management im Titel. Sollte das Interesse bestehen, eine konkrete Fachrichtung in Verbindung mit Nachhaltigkeit zu studieren, dann bietet Tab. 2.1 eine erste Auswahl von Schnittstellenstudiengängen als Inspiration (Stand November 2024).

Tab. 2.1 Auswahl von Schnittstellenstudiengängen

Abfallwirtschaft	**Abfallwirtschaft und Altlasten** (M.Sc., Technische Universität Dresden)
Agrarwirtschaft	**Ökologische Landwirtschaft** (B.Sc., Universität Kassel)
	Ökolandbau und Vermarktung (B.Sc., Hochschule für nachhaltige Entwicklung Eberswalde)
Architektur	**Energieeffizientes Planen und Bauen** (B.Eng., Hochschule Augsburg)
	Klima Engineering (B.Eng., Hochschule für Technik Stuttgart)
	Ressourceneffizientes und Nachhaltiges Bauen (M.Sc., Technische Universität München)

(Fortsetzung)

Tab. 2.1 (Fortsetzung)

Bildungswissenschaften	Umweltbildung (B.A., Pädagogische Hochschule Weingarten)
	Bildung – Nachhaltigkeit – Transformation (M.A., Hochschule für nachhaltige Entwicklung Eberswalde)
Design & Mode	Sustainability in Fashion and Creative Industries (M.A., Akademie Mode & Design)
Digitalisierung	Digital Transformation & Sustainability (M.Sc., Hamburg School of Business Administration)
Erneuerbare Energien	Erneuerbare Energien (B.Sc., Universität Stuttgart)
	Nachhaltige Rohstoff- und Energieversorgung (B.Sc., RWTH Aachen University)
	Renewable Energy Systems – Environmental and Process Engineering (M.Sc., Hochschule für Angewandte Wissenschaften Hamburg)
Rechtswissenschaften	Nachhaltigkeitsrecht (LL.M., Leuphana Universität Lüneburg)
	Wirtschaftsrecht – Nachhaltigkeit & Ethik (LL.B., Hochschule Fulda)
Sozialwissenschaften	Nachhaltige Sozialpolitik (B.A., Hochschule Bonn-Rhein-Sieg)
	Soziale Nachhaltigkeit und demografischer Wandel (M.A., Fachhochschule Dortmund)
Stadtplanung	Sustainable Urban Development (M.Sc., Technische Universität Darmstadt)
Tourismusmanagement	Nachhaltige Tourismusentwicklung (M.Sc., Hochschule Heilbronn)
	Nachhaltiges Tourismusmanagement (M.A., Hochschule für nachhaltige Entwicklung Eberswalde)
Umweltwissenschaften	Umweltingenieurwissenschaften (B.Sc., Bauhaus-Universität Weimar)
	Sustainability Science: Ecosystems, Biodiversity and Society (M.Sc., Leuphana Universität Lüneburg)
	Sustainable Chemistry (M.Sc., Leuphana Universität Lüneburg)
	Umwelt, Naturschutz und Nachhaltigkeit (M. Sc., Universität Hildesheim)
Verpackungslehre	Verpackungstechnologie und Nachhaltigkeit (B.Eng., Hochschule für Technik, Wirtschaft und Kultur Leipzig)

Außerdem finden Sie auf der Produktseite des Buches unter Springer-NatureLink eine ausführliche Datei mit weiteren Studiengängen sowie Weiterbildungen, um den Überblick noch umfassender gestalten zu können.

2.1.1 Vorstellung ausgewählter deutscher Bachelorstudiengänge mit Fokus auf Nachhaltigkeit und Nachhaltigkeitsmanagement

Mit der Auswahl eines geeigneten Bachelorstudiengangs können EinsteigerInnen bereits von Anfang an den Grundstein für ihre nachhaltige Karriere legen. In der deutschen Hochschullandschaft zeichnet sich gegenwärtig dieses Bild ab: Es existieren deutlich mehr Masterstudiengänge mit einem Fokus auf Nachhaltigkeit als Bachelorstudiengänge. Für die Studienplanung ergeben sich somit zwei Optionen: Ein regulärer Bachelor ohne konkreten Nachhaltigkeitsbezug und eine Spezialisierung auf Nachhaltigkeit durch einen Masterabschluss. Alternativ setzt man mit beiden Abschlüssen den Fokus auf Nachhaltigkeit, gegebenenfalls mit unterschiedlichen inhaltlichen Schwerpunkten. Einen geografischen Überblick bietet Ihnen Abb. 2.1. Alle Beschreibungen basieren auf einer Recherche mit Stand November 2024. Eine positive Erkenntnis ist, dass seit der 1. Auflage viele neue, spannende Bachelorstudiengänge vor allem auch von Top-Universitäten angeboten werden. Des Weiteren finden sich inzwischen in den meisten betriebswirtschaftlichen Bachelor-Studiengängen Schwerpunkte oder sogar Pflichtvorlesungen zur Nachhaltigkeit.

Universität Hohenheim: Sustainability & Change (B.Sc.)
- **Abschluss:** Bachelor of Science
- **Beschreibung:** Sustainability & Change ist ein wirtschafts- und sozialwissenschaftlicher Bachelorstudiengang, fokussiert auf das nachhaltige Management von Unternehmen und Organisationen. Zwei Leitfragen im Studium lauten: Wie kann die Wirtschaft und Gesellschaft nachhaltig gestaltet werden? Wie können Innovationen angestoßen und die nötigen Veränderungsprozesse umgesetzt werden?
- Zu den Studieninhalten zählen: Betriebs- und Volkswirtschaftslehre, Nachhaltigkeitswissenschaften, Changemanagement, Sozialwissenschaften, Marketing, Marktforschung, Innovation und Ethik. Hervorzuheben ist der Anteil von Mathematik und Statistik, die Begründung

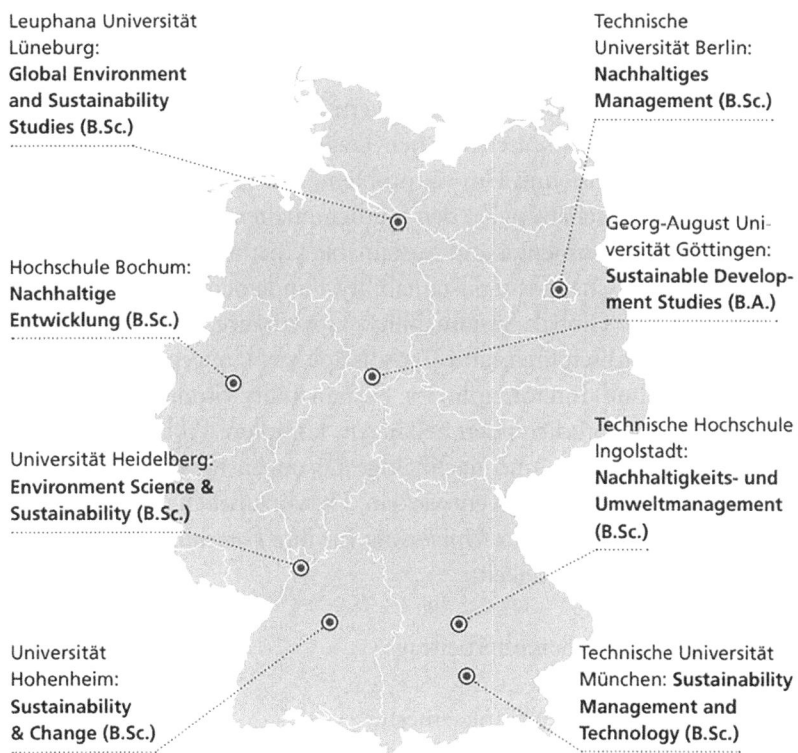

Leuphana Universität
Lüneburg:
**Global Environment
and Sustainability
Studies (B.Sc.)**

Technische
Universität Berlin:
**Nachhaltiges
Management (B.Sc.)**

Hochschule Bochum:
**Nachhaltige
Entwicklung (B.Sc.)**

Georg-August Uni-
versität Göttingen:
**Sustainable Develop-
ment Studies (B.A.)**

Universität Heidelberg:
**Environment Science &
Sustainability (B.Sc.)**

Technische Hochschule
Ingolstadt:
**Nachhaltigkeits- und
Umweltmanagement
(B.Sc.)**

Universität
Hohenheim:
**Sustainability
& Change (B.Sc.)**

Technische Universität
München: **Sustainability
Management and
Technology (B.Sc.)**

Abb. 2.1 Ausgewählte deutsche Bachelorstudiengänge mit Fokus auf Nachhaltigkeit und Nachhaltigkeitsmanagement

hierzu: Wirtschaftliche und unternehmerische Entscheidungen basieren auf Daten bzw. Zahlen, weshalb dies Studierenden in diesem Studiengang als Teil des Curriculum vermittelt wird.

- **Dauer:** 6 Semester
- **Kosten:** regulärer Semesterbeitrag
- **Sprache:** Deutsch (Teilmodule auf Englisch)
- **Start möglich zum:** Wintersemester
- **Weitere Informationen unter:** https://www.uni-hohenheim.de/sustainability-and-change-das-studium

Leuphana Universität Lüneburg: Global Environment and Sustainability Studies (B.Sc.)

- **Abschluss:** Bachelor of Science
- **Beschreibung:** Dieser Studiengang vermittelt Grundlagenkenntnisse in natur- und sozialwissenschaftlichen Fragestellungen – Studierende lernen globale Klima- und Umweltprobleme aus dieser Perspektive zu erklären und abzuschätzen. Zu den Studieninhalten zählen (auf Englisch): Inorganic Environmental and Sustainable Chemistry, Communication and Behaviour Change for Sustainability, Fundamentals of Sustainability Management, Global Sustainability Governance, Mathematics and Statistics, Interdisciplinary and Transdisciplinary Concepts, Sustainability and Ethics und Interdisciplinary Sustainability Studies. Das erlernte Wissen soll die Studierenden befähigen, komplexe Problemzusammenhänge zu analysieren und nachhaltige Lösungen für den Umgang mit natürlichen Ressourcen zu entwickeln. Hervorzuheben ist das besondere Renommee der Leuphana Universität für ihre Forschung und Lehre im Themenfeld Nachhaltigkeit.
- **Dauer:** 6 Semester
- **Kosten:** regulärer Semesterbeitrag
- **Sprache:** Englisch
- **Start möglich zum:** Wintersemester
- **Weitere Informationen unter:** https://www.leuphana.de/college/bachelor/global-environmental-and-sustainability-studies.html

Technische Hochschule Ingolstadt: Nachhaltigkeits- und Umweltmanagement (B.Sc.)

- **Abschluss:** Bachelor of Science
- **Beschreibung:** Die Leitfragen in diesem Studium lauten u. a.: Wie muss bei einem ganzheitlichen Management betriebswirtschaftliches Handeln aussehen? Was ist eine Ökobilanz? Was bringt die Digitalisierung für nachhaltiges Wirtschaften? Welche umweltgerechten Produkte und Dienstleistungen lassen sich gestalten? Welche neuen Geschäftsfelder lassen sich mit Nachhaltigkeit und Umwelt entwickeln? Wie sieht es mit Fertigungsprozessen und Lieferketten aus? Um Antworten auf diese Fragen zu finden, blicken die Studierenden in verschiedenen Modulen

auf die gesamte Wertschöpfungskette von Einkauf und Beschaffung bis hin zu Produktion, Personal und Marketing. Der Studiengang kann auch als duales Studium absolviert werden. Gründungsprofessor für diesen Studiengang ist Prof. Dr. Holger Hoppe (Interview siehe Abschn. 5.1.2).

- **Dauer:** 7 Semester
- **Kosten:** regulärer Semesterbeitrag
- **Sprache:** Deutsch
- **Start möglich zum:** Sommer- und Wintersemester
- **Weitere Informationen unter:** https://www.thi.de/studium/studien-angebote/details/nachhaltigkeits-und-umweltmanagement-bsc

Universität Heidelberg: Environmental Science & Sustainability (B.Sc.)
- **Abschluss:** Bachelor of Science
- **Beschreibung:** Dieser Studiengang bietet eine umfassende Ausbildung, die sich auf die menschlichen Auswirkungen auf natürliche Ressourcen und Systeme konzentriert. Studierende lernen, interdisziplinäre Ansätze zur Bewältigung globaler Umweltprobleme wie Klimawandel, Ressourcenknappheit und Umweltverschmutzung zu entwickeln. Der Studiengang umfasst praxisorientierte Forschung und bietet Zugang zu über 200 ha Naturschutzgebieten, einschließlich drei Naturreservaten, einer Schutzfarm, zwei Flüssen und einem Forschungsteich auf dem Campus. Darüber hinaus haben die Studierenden die Möglichkeit, am renommierten National Center for Water Quality Research (NCWQR) zu arbeiten, das sich auf die Sammlung, Analyse und Interpretation von Umweltdaten zur Verbesserung des Wassermanagements spezialisiert hat. Der Studiengang bereitet die Absolventen darauf vor, nachhaltige Lösungen für die größten ökologischen Herausforderungen unserer Zeit zu entwickeln und umzusetzen.
- **Dauer:** 6 Semester
- **Kosten:** regulärer Semesterbeitrag
- **Sprache:** Englisch
- **Start möglich zum:** Wintersemester
- **Weitere Informationen unter:** https://www.heidelberg.edu/academics/programs/environmental-science-sustainability

Hochschule Bochum: Nachhaltige Entwicklung (B.Sc.)

* **Abschluss:** Bachelor of Science
* **Beschreibung:** Der Studiengang hat sich als Ziel gesetzt, die Studierenden zu befähigen, komplexe Herausforderungen zu verstehen und Strategien zu deren Bewältigung zu erarbeiten. Dazu vereint er natur-, wirtschafts-, ingenieur- als auch sozialwissenschaftliche Themenfelder. Zu den Studienbereichen gehören ökonomische Grundlagen Nachhaltiger Entwicklung, Ansätze und Methoden der Nachhaltigkeitswissenschaft, naturwissenschaftlich-technische Grundlagen sowie Persönlichkeitsbildung und Schlüsselkompetenzen. Sie können wählen zwischen 3 Vertiefungsrichtungen: Wirtschaftswissenschaften, Bau-Raum-Umwelt und Ingenieurwissenschaften. Ergänzt wird der Studienverlauf durch eine Praxisphase.
* **Dauer:** 7 Semester
* **Kosten:** regulärer Semesterbeitrag
* **Sprache:** Deutsch
* **Start möglich zum:** Wintersemester
* **Weitere Informationen unter:** https://www.hochschule-bochum.de/nachhaltige-entwicklung/#

Technische Universität Berlin: Nachhaltiges Management (B.Sc.)

* **Abschluss:** Bachelor of Science
* **Beschreibung:** Dieser Bachelorstudiengang vermittelt eine betriebswirtschaftliche Ausbildung, die an den Erfordernissen einer nachhaltigen Wirtschaft ausgerichtet ist. Um die verschiedenen Interessenlagen verstehen und einordnen zu können, wird ein breites Wissen vermittelt, bestehend aus Inhalten aus wirtschaftswissenschaftlichen Grundlagen, Sozial-, Natur- und Ingenieurwissenschaften. Zentrales Anliegen ist die Befähigung zum interdisziplinären Denken: Sie lernen Methoden, Denk- und Arbeitsweisen anderer Fachdisziplinen zu verstehen und zwischen verschiedenen Interessen Brücken zu bauen. Im Studienverlauf können Studierende wählen zwischen einem Praktikum oder der Belegung von einem zusätzlichen Aufbaumodul.
* **Dauer:** 6 Semester
* **Kosten:** regulärer Semesterbeitrag
* **Sprache:** Deutsch (Teilmodule auf Englisch)

- **Start möglich zum:** Wintersemester
- **Weitere Informationen unter:** https://www.tu.berlin/studieren/studienangebot/gesamtes-studienangebot/studiengang/nachhaltiges-management-b-sc/

Technische Universität München: Sustainable Management and Technology (B.Sc.)
- **Abschluss:** Bachelor of Science
- **Beschreibung:** Den Studierenden wird ein breites Wissen in betriebswirtschaftlichen Grundlagen, wesentlichen Grundlagen der Statistik, Wirtschaftsmathematik und Informatik vermittelt. Sie kennen empirische und analytische Methoden und verbinden diese mit unternehmerischen Fragestellungen. Sie wenden Nachhaltigkeitskonzepte für die Bewertung und Innovation von Produkten, Prozessen und Wertschöpfungsketten unter Berücksichtigung betriebswirtschaftlicher, gesamtwirtschaftlicher, ökologischer und gesellschaftlicher Effekte an. Der interdisziplinäre Bachelorstudiengang „Sustainable Management and Technology" schließt die Lücke zwischen betriebswirtschaftlichen und technischen Unternehmensbereichen. Er bildet die Führungskräfte der nachhaltigen Wirtschaft von morgen aus, die unternehmerische Entwicklungen und deren Einfluss auf die Gesellschaft und die Wirtschaft in der notwendigen Tiefe und Komplexität verstehen und gestalten können.
- **Dauer:** 6 Semester
- **Kosten:** regulärer Semesterbeitrag
- **Sprache:** Englisch
- **Start möglich zum:** Wintersemester
- **Weitere Informationen unter:** https://www.cs.tum.de/studieninteressierte/studiengaenge/sustainable-management-and-technology/

Georg-August Universität Göttingen: Sustainable Development Studies (B.A.)
- **Abschluss:** Bachelor of Arts
- **Beschreibung:** Dieser Bachelorstudiengang bietet eine fundierte und interdisziplinäre Einführung in nachhaltige Entwicklungsfragen. Studierende lernen, soziale Ungleichheiten zu analysieren und zu ver-

stehen, um Entwicklungspolitik und -praxis zu gestalten, die die Lebensbedingungen in benachteiligten Gemeinschaften verbessern. Der Studiengang umfasst eine breite Palette von Disziplinen wie Wirtschaftswissenschaften, Politikwissenschaft, internationale Beziehungen, Agrarwissenschaften und Ethnologie. Neben quantitativen Methoden werden auch qualitative Methoden wie Interviews gelehrt, um die Perspektiven von Menschen aus dem Globalen Süden zu verstehen. Die internationale Ausrichtung des Programms bereitet die Studierenden auf eine Karriere in internationalen Organisationen, NGOs oder global ausgerichteten Unternehmen vor.

- **Dauer:** 6 Semester
- **Kosten:** regulärer Semesterbeitrag
- **Sprache:** Deutsch (Teilmodule auf Englisch)
- **Start möglich zum:** Wintersemester
- **Weitere Informationen unter:** https://www.uni-goettingen.de/en/657464.html

2.1.2 Auswahl Masterstudiengänge in Deutschland

Im Vergleich zu den Bachelorstudiengängen ist das Angebot von auf Nachhaltigkeit(smanagement) fokussierten Masterstudiengängen größer. Auffallend ist, dass klassische Studiengänge vermehrt Nachhaltigkeit fest als Pflichtmodul in das Curriculum aufnehmen oder Studierenden die Möglichkeit geben, es als Schwerpunkt zu wählen. Für Letzteres wird hierzu exemplarisch der Master of Science an der TU Kaiserslautern vorgestellt. Einen geografischen Überblick bietet Ihnen Abb. 2.2. Alle Beschreibungen basieren auf einer Recherche zum Stand November 2024.

Auch hier ist seit der 1. Auflage klar zu erkennen, dass es viele neue Studiengänge gibt, die sich immer granularer mit einzelnen Fachgebieten der Nachhaltigkeit befassen und so die Thematik allumfassender abgebildet wird. Zudem rückt, vor allem in den Curricula der Master-Studiengänge, Reporting und Regulatorik verstärkt in den Mittelpunkt.

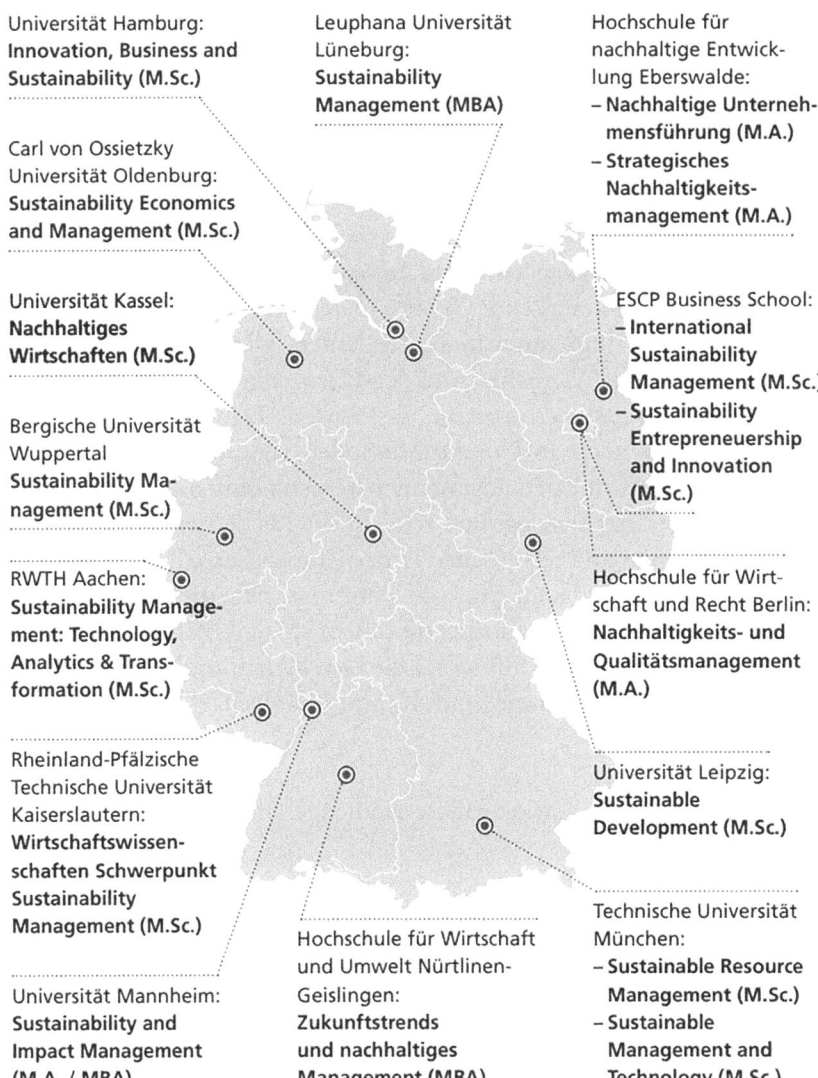

Universität Hamburg:
Innovation, Business and
Sustainability (M.Sc.)

Carl von Ossietzky
Universität Oldenburg:
Sustainability Economics
and Management (M.Sc.)

Universität Kassel:
Nachhaltiges
Wirtschaften (M.Sc.)

Bergische Universität
Wuppertal
Sustainability Ma-
nagement (M.Sc.)

RWTH Aachen:
Sustainability Manage-
ment: Technology,
Analytics & Trans-
formation (M.Sc.)

Rheinland-Pfälzische
Technische Universität
Kaiserslautern:
Wirtschaftswissen-
schaften Schwerpunkt
Sustainability
Management (M.Sc.)

Universität Mannheim:
Sustainability and
Impact Management
(M.A. / MBA)

Leuphana Universität
Lüneburg:
Sustainability
Management (MBA)

Hochschule für Wirtschaft
und Umwelt Nürtlinen-
Geislingen:
Zukunftstrends
und nachhaltiges
Management (MBA)

Hochschule für
nachhaltige Entwick-
lung Eberswalde:
– Nachhaltige Unterneh-
   mensführung (M.A.)
– Strategisches
   Nachhaltigkeits-
   management (M.A.)

ESCP Business School:
– International
   Sustainability
   Management (M.Sc.)
– Sustainability
   Entrepreneuership
   and Innovation
   (M.Sc.)

Hochschule für Wirt-
schaft und Recht Berlin:
Nachhaltigkeits- und
Qualitätsmanagement
(M.A.)

Universität Leipzig:
Sustainable
Development (M.Sc.)

Technische Universität
München:
– Sustainable Resource
   Management (M.Sc.)
– Sustainable
   Management and
   Technology (M.Sc.)

Abb. 2.2 Ausgewählte deutsche Masterstudiengänge mit Fokus auf Nachhaltigkeit und Nachhaltigkeitsmanagement

Universität Mannheim (Mannheim Business School): Sustainability and Impact Management (M.A. & MBA)

- **Abschluss:** Master of Arts oder Master of Business Administration (MBA)
- **Beschreibung:** Der Masterstudiengang richtet sich an Berufstätige, die sich für Nachhaltigkeit und deren Auswirkungen auf Unternehmen und Gesellschaft interessieren. Das Programm kombiniert betriebswirtschaftliche Grundlagen mit tiefgehenden Kenntnissen in Nachhaltigkeitsmanagement und Impact Management. Die Studierenden erwerben umfassendes Wissen in den Bereichen Nachhaltigkeit, Transformation und Innovation. Sie lernen, wie Unternehmen ihre Auswirkungen auf Menschen und den Planeten managen können, um nachhaltige Wettbewerbsvorteile zu erzielen. Dabei werden sowohl empirische als auch analytische Methoden vermittelt, die in unternehmerischen Kontexten angewendet werden können. Das Programm ist interdisziplinär angelegt und schließt die Lücke zwischen betriebswirtschaftlichen und technischen Unternehmensbereichen. Es bereitet die Studierenden darauf vor, als Führungskräfte der nachhaltigen Wirtschaft von morgen zu agieren, indem sie unternehmerische Entwicklungen und deren Einfluss auf die Gesellschaft und die Wirtschaft in der notwendigen Tiefe und Komplexität verstehen und gestalten können.
- **Dauer:** 4 Semester
- **Kosten:** € 32.000,- sowie reguläre Studiengebühren
- **Sprache:** Englisch
- **Start möglich im:** Mai
- **Weitere Informationen unter:** https://www.mannheim-business-school. com/en/mba-master-and-courses/masters-programs/mannheim-master-in-sustainability-and-impact-management/

ESCP Europe: International Sustainability Management (M.Sc.)

- **Abschluss:** Master of Science
- **Beschreibung:** Dieser Studiengang vermittelt den Studierenden das Wissen und die Fähigkeiten, um Chancen im Bereich Nachhaltigkeit mit einem interdisziplinären Ansatz anzugehen. Als Master of Science basiert das Programm auf wissenschaftlichen und forschungsbasierten Grundlagen, berücksichtigt jedoch auch betriebswirtschaftliche

Perspektiven. Es bietet ein breites Portfolio an Kursen, die verschiedene Probleme und deren Kontext, mögliche Lösungen sowie Managementwerkzeuge zur Bewältigung des Übergangs behandeln. Das zweijährige Programm wird an den Standorten Berlin und Paris der ESCP unterrichtet, wobei die Studierenden zwei feste Semester in jeder Stadt verbringen. Im fünften Term verfassen sie ihre Masterarbeit, und im sechsten Term absolvieren sie ein Praktikum an einem Ort ihrer Wahl. Die Zusammensetzung der Klasse ist international, was unterschiedliche Ansichten zu den Problemen und deren Lösungen ermöglicht. Diese multikulturelle Exposition und der mobile Lebensstil bereiten die Studierenden ideal auf eine globale Karriere vor. Nuancierte Diskussionen und intensive Teamarbeit bieten die Möglichkeit, zwischenmenschliche Fähigkeiten zu entwickeln, um Positionen zu argumentieren, andere zu überzeugen und interkulturell mit Kommilitonen zusammenzuarbeiten. Die Studierenden können sich in die Studentenverbände der ESCP einbringen, und sowohl Berlin als auch Paris, die sich stark für Nachhaltigkeit engagieren, bieten die Möglichkeit, direkt mit der größeren Gemeinschaft in Kontakt zu treten und das persönliche Netzwerk auszubauen.

- **Dauer:** 4 Semester, aufgeteilt in 6 sogenannte Terms (in Berlin und Paris)
- **Kosten:** € 17.200,- pro Jahr
- **Sprache:** Englisch
- **Start möglich im:** September
- **Weitere Informationen unter:** https://escp.eu/programmes/specialised-masters-MSc/MSc-in-international-sustainability-management

Hochschule für nachhaltige Entwicklung Eberswalde: Nachhaltige Unternehmensführung (M.A.)

- **Abschluss:** Master of Arts
- **Beschreibung:** Dieser Master-Studiengang möchte an der Praxis ausgerichtete fachliche, methodische und persönliche Kompetenzen im Kontext einer nachhaltigen Unternehmensführung vermitteln. Zu den grundlegenden Kompetenzen zählen hierbei z. B. Wirtschaftsordnung und Globalisierung, Wirtschaftsethik, Nachhaltiges Wertschöpfungsmanagement und Betriebliches Umwelt- und Nachhalt-

igkeitsmanagement. Ergänzt wird das Studienangebot durch die Vermittlung von persönlichen und methodischen Kompetenzen wie Kreatives Arbeiten, Moderation und Konfliktlösung. Für einen direkten Bezug zur Praxis sorgt eine 12-wöchige Praktikumsphase mit Bearbeitung eines Praxisprojekts.

- **Dauer:** 4 Semester
- **Kosten:** regulärer Semesterbeitrag
- **Sprache:** Deutsch (Teilmodule auf Englisch)
- **Start möglich zum:** Wintersemester
- **Weitere Informationen unter:** https://www.hnee.de/de/Studium/ Masterstudiengnge/Nachhaltige-Unternehmensfhrung/Bewerbung/ Informationen-fr-Studienbewerberinnen-K4611.htm

Rheinlandpfälzische Technische Universität: Wirtschaftswissenschaften – Schwerpunkt Sustainability Management (M.Sc.)

- **Abschluss:** Master of Science
- **Beschreibung:** Mit Wahl dieses Studiengangs setzen Studierende auf ein klassisches Studium der Wirtschaftswissenschaften, können sich aber gezielt mit einem Schwerpunkt auf Sustainability Management in Richtung Nachhaltigkeit ausrichten. Unter der Federführung von Prof. Dr. Katharina Spraul (Interview siehe Kap. 3) lernen Studierende, die grundlegenden Zusammenhänge von Nachhaltigkeit auf unternehmerischer und gesamtwirtschaftlicher Ebene zu verstehen und Lösungsstrategien für die Zusammenarbeit verschiedener Interessensgruppen zu entwickeln. Beispiel für Lehrangebote im Schwerpunkt sind: Digitalisierung und Nachhaltigkeit, Non-Profit-Management für die nachhaltigen Entwicklungsziele, Sustainability Management in Context.
- **Dauer:** 4 Semester
- **Kosten:** regulärer Semesterbeitrag
- **Sprache:** Deutsch (Teilmodule auf Englisch)
- **Start möglich zum:** Wintersemester
- **Weitere Informationen unter:** https://wiwi.uni-kl.de/studium/rund-ums-studium-neu/master-schwerpunkte/sustainability-management/

Bergische Universität Wuppertal: Sustainability Management (M.Sc.)

- **Abschluss:** Master of Science
- **Beschreibung:** Dieses Studium zielt darauf ab, Kompetenzen für eine nachhaltige Unternehmensführung zu entwickeln und Fachwissen auf hohem wissenschaftlichem Niveau zu vermitteln. Die Studierenden lernen, wie sie Prozesse und Strukturen unter Berücksichtigung sozialer, ökonomischer und ökologischer Nachhaltigkeit planen, gestalten und kontrollieren können.der Studiengang umfasst die Entwicklung einer unternehmerischen Nachhaltigkeitskultur, Strategien für nachhaltigen Wandel (Transition Management), die nachhaltige Gestaltung von Managementprozessen sowie Projektmanagement und International Corporate Governance in ressourcenintensiven Branchen wie der Energiebranche. Ziel ist es, die Führungskompetenzen der Studierenden zu entwickeln und Nachhaltigkeit als zentrale Kategorie unternehmerischen Handelns zu begreifen.
- **Dauer:** 4 Semester
- **Kosten:** regulärer Semesterbeitrag
- **Sprache:** Deutsch (Teilmodule auf Englisch (B2 Niveau verpflichtend))
- **Start möglich zum:** Sommer- und Wintersemester
- **Weitere Informationen unter:** https://www.nachhaltigkeitsmanagement. uni-wuppertal.de/de/

Hochschule für Wirtschaft und Recht Berlin: Nachhaltigkeit- und Qualitätsmanagement (M.A. berufsbegleitend)

- **Abschluss:** Master of Arts
- **Beschreibung:** Dieser berufsbegleitende Master befähigt Studierende, Unternehmen und Organisationen bezüglich ökologischer und sozialer Verbesserungen zu beraten sowie die Nachhaltigkeitsleistung zu messen, zu analysieren und zu bewerten. Erwähnenswert ist, dass das Studium integrierte Lehrgänge zum/zur anerkannten Qualitätsbeauftragten beinhaltet. Zum Curriculum gehören: Nachhaltigkeitsmanagement, Nachhaltige Ökonomie, Deutsches und europäisches Umweltrecht, Integrierte Managementsysteme, Energietechnik und -management, Social Supply Chain Management sowie ein Praxisprojekt. Ergänzt wird das

Studienangebot durch die Vermittlung von sozialen und kommunikativen Kompetenzen wie Projektmanagement und Prozessbegleitung.

- **Dauer:** 4 Semester
- **Kosten:** € 12.800,-
- **Sprache:** Deutsch
- **Start möglich zum:** Wintersemester
- **Weitere Informationen unter:** https://www.berlin-professional-school. de/master/berufsbegleitend-studieren/master-nachhaltigkeits-und-qualitaetsmanagement/

Universität Kassel: Nachhaltiges Wirtschaften (M.Sc.)
- **Abschluss:** Master of Science
- **Beschreibung:** Studierende dieses Studiengangs erwerben ein fundiertes Fachwissen der Wirtschaftswissenschaften und ergänzen dies durch sozialwissenschaftliche, natur- und ingenieurwissenschaftliche Kompetenzen. Dies soll sie befähigen, in unterschiedlichen sozialen Systemen konkrete Lösungsansätze zu entwickeln – weil sie gelernt haben, die verschiedenen Perspektiven zu verstehen. Zu den Pflichtmodulen im Studium gehören: Advanced Economics of the Environment, Business Theory and Sustainability, Ökologie und Stoffströme sowie Rechtliche Grundlagen. Bei den Schwerpunkten kann gewählt werden zwischen Nachhaltigkeitsökonomie und -management und Nachhaltigkeit, Technik und Gesellschaft. Hervorzuheben ist hier die Nähe zum Graduiertenzentrum für Umweltforschung und -lehre an der Universität Kassel, welches Studierenden und DoktorandInnen vielfältige Weiterbildungsaktivitäten und Qualifizierungsmaßnahmen bietet.
- **Dauer:** 3 Semester
- **Kosten:** regulärer Semesterbeitrag
- **Sprache:** Deutsch (Teilmodule auf Englisch (B2 Niveau verpflichtend))
- **Start möglich zum:** Sommer- und Wintersemester
- **Weitere Informationen unter:** https://www.uni-kassel.de/uni/studium/ nachhaltiges-wirtschaften-master

Technische Universität München: Sustainable Resource Management (M.Sc.)

* **Abschluss:** Master of Science
* **Beschreibung:** Ziel dieses Studiengangs ist es, Studierenden ein breites Verständnis und Wissen für ein nachhaltiges Ressourcenmanagement zu vermitteln. Dazu gehören Studieninhalte, wie z. B. Wildlife and Protected Area Management, Renewable Resources, Material and Waste Management sowie Sustainable Agricultural Value Chains. Ergänzt wird das Curriculum durch Angebote rund um soziale Kompetenzen wie Konfliktmanagement und Rhetorik und ein mindestens 8-wöchiges Praktikum. Absolventin des Studiengangs ist Katrin Huth (Interview siehe Abschn. 5.2.1).
* **Dauer:** 4 Semester
* **Kosten:** regulärer Semesterbeitrag
* **Sprache:** Englisch
* **Start möglich zum:** Wintersemester
* **Weitere Informationen unter:** https://www.ls.tum.de/ls/studium/studiengaenge/sustainable-resource-management-msc/

Leuphana Universität Lüneburg: Sustainability Management (MBA)

* **Abschluss:** Master of Business Administration
* **Beschreibung:** Dieser MBA gilt als erster Nachhaltigkeitsmanagement-MBA weltweit und vereint seit 2003 die Vermittlung von Fachkenntnissen mit Themen des Nachhaltigkeitsmanagements. Der MBA kann durch eine Kombination aus digitalen E-Learning-Angeboten und Präsenzveranstaltungen räumlich flexibel und berufsbegleitend (aber auch in Vollzeit) studiert werden. Durch die langjährige Historie hat dieser Studiengang das wohl größte Alumni-Netzwerk aus Nachhaltigkeitsverantwortlichen im deutschsprachigen Raum. Das Studium möchte die Studierenden qualifizieren, Unternehmen oder Organisation verantwortungsvoll zu gestalten und somit einen konkreten Beitrag zu einer nachhaltigen Entwicklung zu leisten. Der Studiengang agiert unter dem Dach des Centre for Sustainability Management (CSM) der Leuphana Universität Lüneburg.

Das CSM gilt als führendes Kompetenzzentrum zu Nachhaltigkeitsmanagement. Ein Interview mit dessen Gründer und Leiter, Prof. Dr.
Dr. h.c. Stefan Schaltegger, finden Sie im Kap. 1. Alumni sind zudem
die InterviewpartnerInnen Simone Weuthen (siehe Abschn. 4.1.5),
Julia Selle (siehe Abschn. 5.1.1), Julia Drefahl (siehe Abschn. 5.2.2)
und Dominique Breuer (siehe Abschn. 5.2.3).

- **Dauer:** 4 Semester
- **Kosten:** € 17.060,- sowie regulärer Semesterbeitrag
- **Sprache:** Deutsch (Teilmodule auf Englisch)
- **Start möglich im:** jeweils Februar/März
- **Weitere Informationen unter:** https://www.leuphana.de/professional-school/berufsbegleitende-master-mba/studium-nachhaltigkeitsmanagement.html

Carl von Ossietzky Universität Oldenburg: Sustainability Economics and Management (M.Sc.)

- **Abschluss:** Master of Arts
- **Beschreibung:** Der Masterstudiengang Sustainability Economics and Management (SEM) wird von der WirtschaftsWoche als Vorbild für nachhaltigkeitsorientierte Studiengänge hervorgehoben. Diese Vorbildfunktion spiegelt sich auch in den konstant hohen BewerberInnenzahlen wieder. Darüber hinaus baut der Studiengang direkt auf eine lange Forschungstradition im Bereich Nachhaltigkeit an der Universität Oldenburg auf. „Umwelt und Nachhaltigkeit mit den Schwerpunkten Biodiversität und Meereswissenschaften, Nachhaltigkeit sowie Energie der Zukunft" und „Gesellschaft und Bildung mit Schwerpunkten Partizipation und Soziale Transformation" sind zwei der drei Leitthemen der Universität Oldenburg, die eine direkte Relevanz für den Studiengang SEM haben. Schließlich zeigt sich die starke Fokussierung auf Nachhaltigkeitsthemen auch in den insgesamt sieben Lehrstühlen mit Nachhaltigkeitsbezug in den Wirtschaftswissenschaften, welche zu den größten Deutschlands zählt.

  Zum Curriculum gehören beispielsweise Environmental Economics, International Sustainability Management, Umweltrecht, Umwelt-

und Nachhaltigkeitspolitik und Environmental Science. Ergänzt wird das Studienangebot durch sogenannte Akzent- und Ergänzungsmodule. Beispiele hierfür sind: Strategic Sustainability Management, Landschaftsökologie, Erneuerbare Energien und Umweltmodellierung. Erwähnenswert ist hier zudem das studienbegleitende Praxisforum Nachhaltigkeit – im Rahmen dieser Veranstaltungsreihe können sich die Studierenden mit PraktikerInnen aus dem Berufsfeld der Nachhaltigkeit austauschen und so eine eigene Vorstellung über mögliche Berufseinstiege entwickeln.

- **Dauer:** 4 Semester
- **Kosten:** regulärer Semesterbeitrag
- **Sprache:** Deutsch (Teilmodule auf Englisch)
- **Start möglich zum:** Wintersemester
- **Weitere Informationen unter:** https://uol.de/sem

Hochschule für nachhaltige Entwicklung Eberswalde: Strategisches Nachhaltigkeitsmanagement (M.A., berufsbegleitend)
- **Abschluss:** Master of Arts
- **Beschreibung:** Der berufsbegleitende Weiterbildungsstudiengang „Strategisches Nachhaltigkeitsmanagement" vermittelt systematische Gestaltungskompetenzen für die Entwicklung und Umsetzung passgenauer Nachhaltigkeitsstrategien in Organisationen. Der Fokus liegt auf der strategischen Neuausrichtung von Organisationen, um Nachhaltigkeit als integrativen Bestandteil des Handelns zu etablieren. Die Studierenden erwerben fachliche Kompetenzen in Systemperspektiven, transformativen Methoden, Strategie und Managementkonzepten. Ziel ist es, Fach- und Führungskräfte auszubilden, die in der Lage sind, den gesellschaftlichen Wandel zu initiieren und zu begleiten sowie die langfristige Handlungsfähigkeit von Organisationen zu sichern.
- **Dauer:** 4 Semester
- **Kosten:** € 3125,- sowie reguläre Semestergebühren
- **Sprache:** Deutsch
- **Start möglich zum:** Sommersemester (März)
- **Weitere Informationen unter:** https://hnee.de/snm

Technische Universität München: Sustainable Management and Technology (M.Sc.)

- **Abschluss:** Master of Science
- **Beschreibung:** Dieser Masterstudiengang bildet die Führungskräfte der nachhaltigen Wirtschaft von morgen aus. Das Programm kombiniert eine herausragende Managementausbildung mit fundierten Kenntnissen in den Bereichen Biotechnologie, Nachhaltigkeit und Kreislaufwirtschaft. Der Studiengang umfasst vier Hauptbereiche: Grundlagen des nachhaltigen Managements, Wahlmodule in Management und Technologie, Spezialisierung in Ingenieur- und Naturwissenschaften sowie die Masterarbeit. Ziel des Programms ist es, Studierende zu befähigen, nachhaltige Systeme in verschiedenen Wirtschaftssektoren zu planen, zu koordinieren und zu kontrollieren. AbsolventInnen können als Analysten, Innovatoren und Vermittler tätig werden und nachhaltige Unternehmensstrategien entwickeln und umsetzen.
- **Dauer:** 4 Semester
- **Kosten:** regulärer Semesterbeitrag
- **Sprache:** Englisch
- **Start möglich zum:** Sommer- und Wintersemester
- **Weitere Informationen unter:** https://www.mgt.tum.de/programs/ master-in-sustainable-management-technology

Universität Hamburg: Innovation, Business and Sustainability (M.Sc.)

- **Abschluss:** Master of Science
- **Beschreibung:** Der Masterstudiengang ist ein zweijähriges, englischsprachiges Programm, das Studierende auf anspruchsvolle Positionen in multinationalen Unternehmen, internationalen Organisationen, Gewerkschaften und der Wissenschaft vorbereitet. Das Programm bietet eine fundierte Ausbildung in den Bereichen internationales Geschäft, Nachhaltigkeit und Innovation. Es kombiniert eine starke Basis an generalistischem Wissen in diesen drei Säulen mit einer breiten Auswahl an Wahlfächern, die es den Studierenden ermöglichen, ihre Studien entsprechend ihrer Interessen zu fokussieren. Der Studiengang umfasst Themen wie nachhaltiges Wirtschaften, soziale Auswirkungen von Innovation und unternehmerische Verantwortung.

Studierende haben die Möglichkeit, sich intensiv mit Fragen der Nachhaltigkeit auseinanderzusetzen, und sie lernen, wie Unternehmen nachhaltige Praktiken profitabel umsetzen können.

- **Dauer:** 4 Semester
- **Kosten:** € 339,- pro Semester
- **Sprache:** Englisch
- **Start möglich zum:** Wintersemester
- **Weitere Informationen unter:** https://www.wiso.uni-hamburg.de/studienbuero-sozialoekonomie/studiengaenge/ma-mibas.html

Universität Leipzig: Sustainable Development (M.Sc.)

- **Abschluss:** Master of Science
- **Beschreibung:** An der Universität Leipzig bietet dieser Masterstudiengang eine internationale, interdisziplinäre und forschungsorientierte Ausbildung. Das Programm konzentriert sich auf Fragen der Nachhaltigkeit, Umwelt und Entwicklung sowie auf die Herausforderungen beim Übergang zu einer nachhaltigen Gesellschaft. Studierende untersuchen die Chancen und Probleme einer umwelt- und sozialverträglicheren Gesellschaft aus verschiedenen Perspektiven und erwerben umfassendes Wissen über aktuelle und zukünftige Themen der nachhaltigen Entwicklung. Der Studiengang richtet sich an Natur- und SozialwissenschaftlerInnen, die sich für Nachhaltigkeit interessieren und idealerweise bereits erste Erfahrungen in diesem Bereich gesammelt haben. Ein obligatorisches Auslandssemester an einer der Partneruniversitäten in Graz, Utrecht, Venedig, Basel oder Hiroshima ist integraler Bestandteil des Programms. Die AbsolventInnen sind bestens vorbereitet für eine Karriere in Unternehmen, Organisationen und öffentlichen Institutionen oder für eine weiterführende wissenschaftliche Laufbahn.
- **Dauer:** 4 Semester
- **Kosten:** € 1106,90 pro Semester
- **Sprache:** Englisch
- **Start möglich zum:** Wintersemester
- **Weitere Informationen unter:** https://www.uni-leipzig.de/studium/vor-dem-studium/studienangebot/studiengang/course/show/msc-sustainable-development#:~:text=Der%20internationale,%20interdisziplin%C3%A4re%20und%20forschungsorientierte%20Studiengang%20besch%C3%A4ftigt%20sich%20mit

Hochschule für Wirtschaft und Umwelt Nürlingen-Geislingen: Zukunftstrends und nachhaltiges Management (MBA)

- **Abschluss:** Master of Business Administration
- **Beschreibung:** Dieser MBA-Studiengang bietet eine umfassende Ausbildung in den Bereichen Management, Nachhaltigkeit und Zukunftsforschung. Das Programm richtet sich an Berufstätige, die ihre Kompetenzen in Sachen Zukunft und nachhaltiges Wirtschaften weiterentwickeln möchten. Es umfasst allgemeine Management-Themen wie Strategie, Führung und Kommunikation sowie spezialisierte Inhalte zu gesellschaftlichen Veränderungsprozessen, Konsum- und Branchentrends. Der Studiengang ist praxisnah und flexibel gestaltet, mit Veranstaltungen an sechs Wochenenden pro Semester, die sowohl in Präsenz als auch online stattfinden. AbsolventInnen des Programms sind bestens vorbereitet, um in verschiedenen Branchen und Funktionen tätig zu werden, von Marketing und Produktmanagement bis hin zu HR und CSR-Management. Der MBA vermittelt nicht nur fachliche Kenntnisse, sondern fördert auch die persönliche Entwicklung und Resilienz der Studierenden. Die Buchautorin Dr. Saskia Juretzek sitzt im Beirat dieses Programms.
- **Dauer:** 4 Semester
- **Kosten:** € 19.000,-
- **Sprache:** Deutsch
- **Start möglich im:** März
- **Weitere Informationen unter:** https://zukunft.mba/#:~:text=Das%20 berufsbegleitende%20MBA-Studium%20Zukunftstrends%20und%20 Nachhaltiges%20Management%20an%20der%20renommierten

RWTH Aachen: Sustainability Management: Technology, Analytics & Transformation (M.Sc.)

- **Abschluss:** Master of Science
- **Beschreibung:** An der RWTH Aachen bietet dieser Studiengang eine umfassende Ausbildung für angehende NachhaltigkeitsexpertInnen. Das Programm kombiniert tiefgehendes Fachwissen in nachhaltiger Technologie, Klimawandel, Sozialwissenschaften, Innovation und Analytik. Studierende lernen, interdisziplinäre Nachhaltigkeitsprojekte zu leiten und tragen gleichzeitig zur Steigerung der Wirtschaftlichkeit,

Effizienz und unternehmerischen Verantwortung bei. Der Studiengang umfasst drei Semester und bietet eine Mischung aus Pflichtmodulen, Wahlfächern und praxisorientierten Laboren. Die Studierenden haben die Möglichkeit, sich auf ihre persönlichen Interessen zu konzentrieren und in Bereichen wie Datenanalyse oder technologische Innovationen zu vertiefen.

- **Dauer:** 3 Semester
- **Kosten:** € 30.000,-
- **Sprache:** Englisch
- **Start möglich zum:** Wintersemester
- **Weitere Informationen unter:** https://www.business-school.rwth-aachen.de/en/master/sustainability-management/

ESCP Business School: Sustainability Entrepreneurship and Innovation (M.Sc.)

- **Abschluss:** Master of Science
- **Beschreibung:** Dieser Masterstudiengang der ESCP Business School ist ein zweijähriges, englischsprachiges Programm, das in Berlin und Paris stattfindet. Es richtet sich an angehende VerändererInnen, die die Werkzeuge der Wirtschaft nutzen möchten, um die dringendsten sozialen und ökologischen Probleme der Welt zu lösen. Studierende erwerben praktische Kenntnisse in nachhaltigem Geschäftsmanagement, Innovationsmanagement und Geschäftsmodellentwicklung. Das Programm umfasst auch ein Praktikum, ein Beratungsprojekt oder ein Geschäftsentwicklungsprojekt, um direkte Erfahrungen im Feld zu sammeln. Der Studiengang bietet eine fundierte Ausbildung in den neuesten Ansätzen des nachhaltigen Wirtschaftens, der Innovation und des Unternehmertums. Über sechs Semester hinweg erwerben die Studierenden ein praktisches Verständnis relevanter Geschäftskonzepte und -methoden, wie z.B. wertebasiertes Innovationsmanagement und Geschäftsmodellierung. Ein besonderes Highlight des Programms ist eine Woche in Norwegen, die den Studierenden zusätzliche internationale Perspektiven bietet. ExpertInnen aus renommierten Unternehmen und NGOs unterstützen die Schule als Nachhaltigkeitsbeirat.
- **Dauer:** 4 Semester
- **Kosten:** € 16.100,- pro Jahr

- **Sprache:** Englisch
- **Start möglich zum:** Wintersemester
- **Weitere Informationen unter:** https://e4s.center/education/e4s-smt-master/

2.2   Weiterbildungsangebote

Der Markt der Weiterbildungen hat sich in den letzten Jahren stark entwickelt, unzählige Anbieter locken mit Angeboten. Es lohnt sich, genau hinzusehen und ein klares Ziel festzulegen – möchte man sich einschlägig für eine Karriere im Bereich qualifizieren, sollte der Anbieter kompetent sein, z. B. eine Universität, eine Institution, die mit erfahrenen Lehrenden und Lehrkonzepten das erforderliche Wissen weitergibt. Inhaltlich sollte klar definiert sein, was man mit der Weiterbildung erreichen möchte und welche Themen sie abdecken sollte. Die Dauer und damit auch die Tiefe und Preise der Angebote variieren.

Durch die Breite des Themas Nachhaltigkeit ist eine generalistische Qualifizierung als Basis hilfreich, z. B. die Angebote der Haufe Akademie oder von Transform Academy, die sich durch spezifisches Wissen, das im aktuellen oder gewünschten Berufsfeld erforderlich ist, ergänzen lässt, etwa zum Thema Reporting und Regulatorik (vor allem CSRD). Auch die Dauer der Weiterbildungen variiert, sodass man festlegen sollte, wieviel Zeit man in einem bestimmten Zeitraum dafür aufwenden kann. Wird man als NachhaltigkeitsmanagerIn vom Unternehmen weitergebildet, kann dies gegebenenfalls in der Arbeitszeit passieren. Ebenfalls denkbar ist es, konkrete Projekte aus dem Berufsalltag in der Weiterbildung zu bearbeiten.

Die TÜV Süd Akademie Deutschland bietet aktuell 23 verschiedene Kurse, von Einführungsthemen bis zu einzelnen ESRS-Vertiefungen, an, von denen wir auf zwei exemplarisch im Buch eingehen. Ebenfalls zwei Beispiele werden von der IHK Akademie präsentiert. Dort sind aktuell 9 Kurse buchbar.

Wir gehen hier vorrangig auf Angebote von etablierten Anbietern ein, die fachlich kompetent im Bereich Grundlagenwissen weiterqualifizieren. Die Kursbeschreibungen wurden im Wesentlichen von den Anbieterseiten übernommen (Stand: November 2024). Für themenspezifische Weiterbildungen verweisen wir nachfolgend auf weitere Quellen, bilden aber aufgrund der großen Themenbreite von Nachhaltigkeit diese Bereiche nicht ab.

Im Bereich der Studiengänge in Abschn. 2.1 gehen wir bereits auf MBAs als Aus- und Weiterbildungsmöglichkeiten ein, diese sind hier nicht nochmals aufgeführt.

Haufe Akademie: Nachhaltigkeitsmanagement für KMU
- **Beschreibung:** Die Fortbildung Nachhaltigkeitsmanagement für KMU an der Haufe Akademie richtet sich an kleine und mittelständische Unternehmen (KMU), die ihre Nachhaltigkeitsstrategien verbessern möchten. Das Seminar bietet praktische Hinweise zur Umsetzung von Nachhaltigkeitsmanagement trotz begrenzter Ressourcen und vermittelt Kenntnisse über gesetzliche Vorgaben wie CSRD und LkSG. Teilnehmer lernen, wie sie ein leistungsfähiges Nachhaltigkeitsmanagementsystem aufbauen, Synergien aus ISO-Managementsystemen nutzen und einen kompetenten Nachhaltigkeitsbericht erstellen können.
- **Zielgruppe:** Fach- und Führungskräfte in KMU, Nachhaltigkeitsverantwortliche, Inhaber:innen und Geschäftsführung von KMU, Managementsystem-Verantwortliche, Qualitätsmanagende, Umweltmanagende, Prozessmanagende
- **Dauer:** 3 Tage
- **Kosten:** € 1890,- zzgl. MwSt.
- **Weitere Informationen unter:** https://www.haufe-akademie.de/31670

TÜV Süd Akademie Deutschland: Nachhaltigkeitsberichterstattung nach CSRD – Basisseminar
- **Beschreibung:** Dieses Basisseminar zur Nachhaltigkeitsberichterstattung nach CSRD bietet eine umfassende Einführung in die Anforderungen der Corporate Sustainability Reporting Directive (CSRD). Teilnehmer lernen, wie sie die relevanten Nachhaltigkeitsthemen ihres Unternehmens identifizieren und bewerten, eine Stakeholder-Analyse durchführen und die notwendigen Daten für die

Berichterstattung sammeln. Das Seminar behandelt die European Sustainability Reporting Standards (ESRS) und das Prinzip der doppelten Wesentlichkeit. Praktische Beispiele und Handlungsempfehlungen unterstützen die Teilnehmer dabei, die theoretischen Anforderungen in die Praxis umzusetzen. Am Ende des Seminars verfügen die Teilnehmer über einen fundierten Überblick über die CSRD-Anforderungen und können erste Schritte zur Umsetzung in ihrem Unternehmen planen.

- **Zielgruppe:** NachhaltigkeitsmanagerInnen, Managementsystembeauftragte im Bereich QM, Umwelt, Energie und Arbeitsschutz, GeschäftsführerInnen, Fach- und Führungskräfte, sowie Projekt- und ProzessmanagerInnen, die an der Erstellung eines Nachhaltigkeitsberichtes nach CSRD beteiligt sind
- **Dauer:** 1 Tag
- **Kosten:** € 1364,- zzgl. MwSt.
- **Weitere Informationen unter:** https://www.tuvsud.com/de-de/store/akademie/seminare-management/nachhaltigkeit/nachhaltigkeitsmanagement/1121020

TÜV Süd Akademie Deutschland: Klimamanagement

- **Beschreibung:** Diese Schulung vermittelt umfassende Kenntnisse und Methoden zur Erstellung von Treibhausgasbilanzen für Unternehmen und Produkte. Teilnehmer lernen, wie sie Treibhausgasemissionen erfassen, Reduktionspotenziale erschließen und dem Ziel der Treibhausgasneutralität näher kommen können. Das Seminar behandelt verschiedene Standards und Normen wie ISO 14064, ISO 14067, PAS 2050, PAS 2060 und das GHG Protocol. Praktische Übungen und Beispiele helfen den Teilnehmern, eigene Lösungsansätze zu entwickeln und die theoretischen Kenntnisse in die betriebliche Praxis umzusetzen. Zudem erhalten die Teilnehmer einen Überblick über die Grundlagen des Klimawandels sowie die internationale, europäische und nationale Klimapolitik. Der Kurs wird sowohl online als auch in Präsenz (München, Frankfurt und Leipzig) angeboten.
- **Zielgruppe:** Führungskräfte aus allen Bereichen, Managementbeauftragte, die ein Klimamanagement aufbauen oder unterstützen sollen, Managementbeauftragte für Nachhaltigkeit, Umwelt, Energie,

Arbeitsschutz oder Qualität, die Aspekte eines Klimamanagements in ein bestehendes Managementsystem einbinden sollen
- **Dauer:** 3,5 Tage
- **Kosten:** € 2049,- zzgl. MwSt.
- **Weitere Informationen unter:** https://www.tuvsud.com/de-de/store/akademie/seminare-management/nachhaltigkeit/umwelt-und-klimaschutz/1112124

IHK Akademie: Nachhaltigkeit und CSR kompakt!
- **Beschreibung:** Diese Onlineschulung richtet sich an Einsteiger und Fortgeschrittene insbesondere in kleinen und mittleren Unternehmen (KMU). Das Seminar bietet einen kompakten Überblick über aktuelle Entwicklungen in den Bereichen Nachhaltigkeit und CSR, die Grundlagen von Werten und innerer Ausrichtung sowie vorbildhafte Unternehmensbeispiele. Teilnehmende lernen, wie sie Nachhaltigkeitsstrategien entwickeln und umsetzen können, welche Rolle CSR in ihrem Unternehmen spielt und wie sie damit neue Geschäftsfelder erschließen können. Das Seminar behandelt Themen wie Herausforderungen in der CSR-Arbeit, Kommunikation von CSR-Zielen und Nutzen, sowie Berichtspflichten und politische Entwicklungen. Durch praxisorientierte Module und den Austausch mit anderen Fachleuten erhalten die Teilnehmer wertvolle Einblicke und konkrete Handlungsempfehlungen für die Umsetzung von Nachhaltigkeitsmaßnahmen in ihrem Unternehmen.
- **Zielgruppe:** Geeignet für Einsteiger/-innen und Fortgeschrittene in den Themen CSR und Nachhaltigkeitsmanagement in kleinen und mittleren Unternehmen, Geschäftsführer/-innen, Referenten/-innen aus den Bereichen Personal/HR, Marketing, Kommunikation, Einkäufer/-innen, Nachhaltigkeitsmanager/-innen, CSR-, Umwelt- und Qualitätsbeauftragte oder weitere Mitarbeitende, die am Nachhaltigkeitsmanagement beteiligt sind
- **Dauer:** 1 Tag
- **Kosten:** € 560,- zzgl. MwSt.
- **Weitere Informationen unter:** https://www.ihk-akademie-muenchen.de/unternehmensentwicklung/praktischer-einstieg-csr-strategie

IHK Akademie: Westerhamer Sustainability Transformation Manager/-in

- **Beschreibung:** Diese Fortbildung der IHK Akademie München und Oberbayern qualifiziert Fach- und Führungskräfte umfassend als Nachhaltigkeitsmanager. Das Programm besteht aus vier Modulen, die über elf Seminartage verteilt sind, und schließt mit einem anerkannten IHK-Zertifikat ab. Teilnehmer lernen, wie sie Nachhaltigkeitsstrategien entwickeln und umsetzen, um die Transformationsherausforderungen in ihren Unternehmen erfolgreich zu meistern. Die Ausbildung umfasst Grundlagen der Nachhaltigkeitstransformation, die Gestaltung von Transformationsprozessen, Nachhaltigkeitskommunikation und die Durchführung eines eigenen Projekts. Das didaktische Konzept kombiniert theoretisches Wissen mit praktischen Anwendungen und wird von einem erfahrenen Trainerteam aus Wissenschaftlern, Beratern und Transformationsmanagern geleitet.Ein besonderer Fokus liegt auf der praktischen Umsetzung: Teilnehmer arbeiten an einem eigenen Projekt, das idealerweise eine aktuelle Herausforderung aus ihrem Berufsalltag widerspiegelt. Dies ermöglicht es ihnen, die erlernten Methoden und Werkzeuge direkt anzuwenden und konkrete Ergebnisse zu erzielen.
- **Zielgruppe:** Alle Verantwortlichen in Unternehmen oder Organisationen, die grundlegendes Wissen zur erfolgreichen Sustainability Transformation erwerben oder ihr Wissen auf den aktuellen Stand bringen möchten und wirksame Schritte zur Erreichung von Zielen in den Bereichen Klima, Biodiversität und faire wirtschaftliche Prozesse lernen möchten.
- **Dauer:** 11 Tage
- **Kosten:** € 5400,- zzgl. MwSt.
- **Weitere Informationen unter:** https://www.ihk-akademie-muenchen. de/unternehmensentwicklung/sustainability-transformation-manager-ihk/

Verso Academy: ESG-Management in der Praxis

- **Beschreibung:** Dieser Kurs der Verso Academy bietet eine umfassende Weiterbildung im Bereich Nachhaltigkeitsmanagement. Teilnehmer lernen den gesamten ESG-Managementprozess kennen, von der Strategieentwicklung bis zur Erstellung von Nachhaltigkeitsberichten.

Der Kurs ist praxisorientiert und wird von erfahrenen CSR-Managern geleitet, die konkrete Beispiele und Best Practices vermitteln.

- **Zielgruppe**: CSR- und ESG-ManagerInnen, Führungskräfte und AbteilungsleiterInnen, GeschäftsführerInnen
- **Dauer:** 12 Wochen (flexibel online)
- **Kosten:** € 1895,- zzgl. MwSt.
- **Weitere Informationen:** https://verso.de/academy/esg-sustainability-management-in-der-praxis/

Transform Academy: Sustainability Transformation Manager

- **Beschreibung:** Der Kurs „Sustainability Transformation Manager" der Transform Academy ist ein 12-wöchiger Online-Zertifikatslehrgang, der sich auf unternehmerische Nachhaltigkeit konzentriert. Teilnehmende lernen, wie sie ihr Unternehmen erfolgreich und nachhaltig transformieren können. Der Kurs umfasst sechs Module, die Themen wie nachhaltiges Management, wirkungsorientierte Geschäftsmodelle, und Change Management abdecken. Der Kurs bietet interaktive Live-Sessions, praktische Anwendungen und individuelle Job-Support-Sessions, um das Gelernte direkt in die Praxis umzusetzen.
- **Zielgruppe**: CSR- und ESG-ManagerInnen, Führungskräfte und AbteilungsleiterInnen, UnternehmensberaterInnen
- **Dauer:** 12 Wochen (meist donnerstags 17-20 Uhr)
- **Kosten:** € 3450,- zzgl. MwSt.
- **Weitere Informationen:** https://transform-academy.de/1/sustainability-transformation-manager/

EBS Universität: Sustainability Reporting

- **Beschreibung:** Diese Weiterbildung der EBS Universität ist ein intensives Kompaktstudium, das sich auf die Anforderungen der Nachhaltigkeitsberichterstattung konzentriert. Teilnehmende lernen, wie sie Nachhaltigkeitsaspekte in die Unternehmensstrategie integrieren und Berichte gemäß den neuen Offenlegungspflichten der CSRD und ESRS erstellen. Der Kurs umfasst 14 Module, darunter die Entwicklung nachhaltiger Strategien, Grundlagen der Berichterstattung und praxisorientierte Fallstudien. Der berufsbegleitende Kurs bietet interaktive Live-Sessions und praxisnahe Anwendungen und findet

hybrid statt, wobei 8 Präsenztage am Campus Rheingau ver-
pflichtend sind.
- **Zielgruppe:** Fach- und Führungskräfte von Unternehmen aus den
Bereichen Finanzen (z. B. externes Reporting, Rechnungswesen,
Controlling, Compliance, Risikomanagement, Carbon Management),
Nachhaltigkeit (z. B. ESG, HSE, CSR) und Strategie (z. B. Corporate
Strategy, Unternehmensentwicklung, Transformation), Mitarbeite-
rInnen aus Banken und Versicherungen, VorständInnen, Geschäftsfü-
hrerInnen, AufsichtsrätInnen und BeirätInnen, WirtschaftsprüferInnen
und UnternehmensberaterInnen
- **Dauer:** 14 Wochen (berufsbegleitend)
- **Kosten:** € 5800,- zzgl. MwSt.
- **Weitere Informationen:** https://www.ebs.edu/ebs-executive-school/
offene-programme/sustainability-reporting

**Leuphana Universität Lüneburg: Sustainability Reporting and
Accounting**
- **Beschreibung:** Diese halbjährliche Fortbildung der Leuphana Universität
Lüneburg ist ein berufsbegleitendes Zertifikatsstudium, das sich auf die
systematische und ganzheitliche Erfassung und Berichterstattung von
Nachhaltigkeitsleistungen konzentriert. TeilnehmerInnen lernen, wie sie
Daten nutzen können, um die Nachhaltigkeitswirkung ihres Unternehmens zu ermitteln und glaubhaft darzustellen. Der Kurs umfasst drei
Module: Einführung in die Nachhaltigkeitsberichterstattung, Methoden
der Nachhaltigkeitsbilanzierung und Messung sowie Management der
Nachhaltigkeitsperformance. Die Weiterbildung wird komplett online
angeboten und dauert ein Semester. Die flexible Lernumgebung mit
interaktiven E-Learning-Formaten und intensiver Studienbetreuung er-
möglicht es den TeilnehmerInnen, das Gelernte direkt in einem studien-
begleitenden Transferprojekt anzuwenden. Es besteht auch die
Möglichkeit, einzelne Module zu buchen.
- **Zielgruppe:** Fach- und Führungskräfte aus den Bereichen Finanzen,
Nachhaltigkeit und Unternehmensentwicklung, sowie an Mitarbeitende von Banken und Versicherungen und UnternehmensberaterInnen
- **Dauer:** 1 Semester (Beginn im Oktober)
- **Kosten:** € 4190,- zzgl. MwSt.

- **Weitere Informationen:** https://www.leuphana.de/professional-school/
  zertifikatsstudium-berufsbegleitend/nachhaltigkeit-energie-umwelt/
  sustainability-reporting-and-accounting.html

Accovalist Institute: Certified Sustainability Reporting Specialist (CSRS)
- **Beschreibung:** Diese Fortbildung des Accovalist Institute ist ein berufsbegleitendes Zertifikatsprogramm, das die Teilnehmenden auf die zukünftigen Anforderungen der Nachhaltigkeitsberichterstattung vorbereitet. Der Kurs umfasst zehn Lehrbriefe, die Themen wie die Corporate Sustainability Reporting Directive (CSRD), die EU-Taxonomie-Verordnung und die European Sustainability Reporting Standards (ESRS) abdecken. Nach dem Selbststudium folgt eine fünftägige Präsenzwoche bei Stuttgart, in der das erworbene Wissen durch Praxisfälle und Fallstudien vertieft wird. Der Kurs endet mit einer Abschlussklausur.
  Auf der Website befinden sich auch kostenlose YouTube Videos, die vor allem die CSRD erklären.
- **Zielgruppe:** Fach- und Führungskräfte, WirtschaftsprüferInnen und BeraterInnen
- **Dauer:** 10 Wochen Online, sowie 1 Präsenzwoche
- **Kosten:** € 4490,- zzgl. MwSt.
- **Weitere Informationen:** https://www.accovalist.de/seminare-uebersicht/certified-sustainability-reporting-specialist-csrs/

Zentrum für nachhaltige Unternehmensführung: ZNU-Nachhaltigkeitsmanager
- **Beschreibung:** Der Kurs „ZNU-Nachhaltigkeitsmanager" des Zentrums für nachhaltige Unternehmensführung (ZNU) an der Universität Witten/Herdecke ist ein dreitägiges Kompaktseminar, das darauf abzielt, Nachhaltigkeit im Unternehmen praxisnah und wirksam umzusetzen. TeilnehmerInnen lernen, wie sie eine Anspruchsgruppenanalyse erstellen, Risiko- und Auswirkungsscreenings durchführen und die doppelte Wesentlichkeitsmatrix anwenden. Der Kurs bietet tiefer gehende Einblicke in Fachthemen und die praktische Umsetzung von Nachhaltigkeitsmanagement.

- **Zielgruppe:** Nachhaltigkeitsverantwortliche in Unternehmen, ein-schließlich Fach- und Führungskräfte aus den Bereichen Marketing, Projektmanagement, Qualität, Einkauf, Forschung und Entwicklung, Personal sowie Geschäftsführung
- **Dauer:** 3 Tage
- **Kosten:** € 3750,- zzgl. MwSt.
- **Weitere Informationen:** https://mehrwert-nachhaltigkeit.de/weiter-bildungen/znu-nachhaltigkeitsmanager-in

Ellen MacArthur Foundation: Circular Economy: The Big Idea
- **Beschreibung:** Der Kurs „Circular Economy: The Big Idea" der Ellen MacArthur Foundation bietet eine umfassende Einführung in die Prinzipien und die Praxis der Kreislaufwirtschaft. Der online verfüg-bare Kurs wurde von den ExpertInnen der Stiftung entwickelt und vermittelt die Grundlagen der Kreislaufwirtschaft, die darauf abzielt, Abfall und Umweltverschmutzung zu eliminieren, Produkte und Materialien im Kreislauf zu halten und die Natur zu regenerieren. Die Kursinhalte umfassen die Grundlagen der Kreislaufwirtschaft, prakti-sche Anwendungen mit Beispielen und Fallstudien, sowie Strategien für nachhaltiges Wachstum. Der Kurs ist kostenlos, mit der Option, ein Zertifikat gegen eine Gebühr zu erwerben.
- **Zielgruppe:** Alle, die ein grundlegendes Verständnis der Kreislauf-wirtschaft entwickeln möchten (einschließlich Fach- und Führungs-kräfte, Studierende und Interessierte an nachhaltiger Entwicklung)
- **Dauer:** 3 Wochen
- **Kosten:** kostenlos
- **Weitere Informationen:** https://www.ellenmacarthurfoundation.org/videos/the-big-idea-transitioning-to-a-circular-economy

University of Oxford: Sustainable Finance: ESG and the Future of Finance
- **Beschreibung:** Dieser Kurs der University of Oxford ist eine acht-wöchige Online-Veranstaltung, die sich auf nachhaltige Finanzpraktiken konzentriert. Entwickelt von führenden AkademikerInnen der Oxford Sustainable Finance Group, vermittelt der Kurs ein tiefes Verständnis für

die Prinzipien der nachhaltigen Finanzierung und die Chancen, die sich aus der Bewältigung von Umwelt-, Sozial- und Governance-Herausforderungen (ESG) ergeben. TeilnehmerInnen lernen, wie Finanzinstitutionen, Kapital-, Eigenkapital- und Schuldenmärkte funktionieren und wie das Finanzsystem „grüner" gestaltet werden kann. Der Kurs behandelt innovative Strategien zur Umsetzung dieser Veränderungen sowie die finanziellen Chancen und Risiken, die sich aus dem Übergang zu globaler ökologischer Nachhaltigkeit ergeben.

- **Zielgruppe:** Fachleute, die in der Finanzbranche tätig sind oder deren Arbeit die Finanzpraxis und Investitionen beeinflusst
- **Dauer:** 8 Wochen
- **Kosten:** £ 1800,-
- **Weitere Informationen:** https://onlinecourses.smithschool.ox.ac.uk/courses/sustainable-finance/#who-is-oxfords-sustainable-finance-programme-for

Weitere Angebote

Neben den vorgestellten Angeboten gibt es auch vielfältige themenspezifische Angebote, z. B. zum Thema Lieferkette, Digitalisierung, Berichterstattung. Diese werden hier aus Platzgründen nicht gesondert aufgeführt. Weitere und spezifische Weiterbildungsmöglichkeiten finden sich beispielsweise bei https://www.futurewoman.de/de/academy.php oder unter https://saskiajuretzek.com/training.html.

Englischsprachige Angebote

Das Cambridge Institute for Sustainability Leadership bietet kostenpflichtige Präsenz- und Onlinekurse für unterschiedliche Schwerpunktthemen (beispielsweise zu Sustainable Finance und Business Sustainability Management) an, weitere Informationen finden sich unter: https://www.cisl.cam.ac.uk/.

Die Ellen McArthur Foundation bietet kostenfreies Nachhaltigkeitswissen auf der Website, als Download oder Podcast zu verschiedenen Themen an, mehr Informationen unter: https://ellenmacarthurfoundation.org/. Eines der Angebote wird auch exemplarisch im Buch dargestellt.

Im Rahmen einer Kooperation zwischen der Mannheim Business School und Vaude Academy wird ein sogenannter Massive Open Online

Course (MOOC) angeboten, der anhand des Praxisbeispiels Vaude ein nachhaltiges Geschäftsmodell in der Tiefe beleuchtet und hierbei fachliches Wissen vermittelt, mehr Informationen unter: https://www.mbsx. education/courses.

Netzwerke/Peer Learning

Peerschool for Sustainable Development e. V.

- **Beschreibung:** Die Peer School for Sustainable Development bietet Fachverantwortlichen für Nachhaltigkeit aus Unternehmen, Stiftungen und Wissenschaft sowie dem Nachwuchs im Nachhaltigkeitsbereich die Möglichkeit, gemeinsam zu lernen und spezifisches Fachwissen sowie Erfahrungen untereinander zu teilen. Sie versteht sich als disruptiver Lernraum, in dem alle Mitglieder Lehrende und Lernende sind, die eigene Impulse einbringen. Im Fokus stehen regelmäßiger, persönlicher Austausch, die gegenseitige Vermittlung von Wissen und die gemeinsame Weiterentwicklung des Fachthemas.
- **Kosten:** jährlicher Mitgliedsbeitrag von € 120,-
- **Weitere Informationen unter:** https://www.peerschool.de/

Futurewoman

- **Beschreibung:** Futurewoman macht Frauen in der Nachhaltigkeit sichtbar und fördert sie in ihren Karrieren. Ziel ist es, mehr Expertinnen der Nachhaltigkeit auf die Bühnen, in die Medien und in Führungspositionen zu bringen, um im Sinne einer nachhaltigen Transformation zu wirken. Interne Netzwerktreffen sorgen für Austausch und gemeinsame Projekte, in frei zugänglichen Eventformaten werden verschiedenste Nachhaltigkeitsthemen beleuchtet. Die Academy bietet auch Jobcoachings zum Berufseinstieg oder -umstieg an.
- **Kosten:** Die Preise variieren je nach Angebot und können angefragt werden
- **Weitere Informationen unter:** www.futurewoman.de

3

Karrierewege im wissenschaftlichen Bereich

Nachhaltigkeit spielt in unterschiedlichen Ausprägungen in jedem Sektor und in jeder Disziplin eine Rolle. Ein sehr wichtiger Sektor für die nachhaltige Transformation ist der wissenschaftliche Bereich. Zum einen geht es in der Wissenschaft um explizite Forschung zu verschiedensten Nachhaltigkeitsthemen, durch welche neues Wissen entsteht, das für die Transformation genutzt werden kann. Zum anderen werden mittels Lehre Inhalte an die Studierenden vermittelt. Dies ist ein entscheidender Hebel, um nachhaltige Denkweisen von Anfang an in der Ausbildung mit auf den Weg zu geben – und nicht erst später den ManagerInnen im Unternehmen Nachhaltigkeit, entgegen dem, was sie an der Universität gelernt haben, nahezubringen.

Die Hochschulen stehen zudem im regen Austausch mit der Praxis, um gemeinsam Lösungen für die nachhaltige Transformation zu erarbeiten. Wie das genau aussehen kann, stellen wir anhand von 3 unterschiedlichen wissenschaftlichen Karrieren im Nachhaltigkeitsbereich in Interviewform vor. Die Interviews variieren in Länge und sprachlich, da einige Fragen schriftlich beantwortet, andere mündlich geführt wurden. Bei Letzteren haben wir bewusst die persönliche Tonalität beibehalten, um einen möglichst lebendigen Eindruck zu erhalten.

© Der/die Autor(en), exklusiv lizenziert an Springer-Verlag GmbH, DE, ein Teil von
Springer Nature 2025
S. Juretzek, S. Broschat, *Nachhaltige Karriere – mit dem richtigen Job die Welt
verändern*, https://doi.org/10.1007/978-3-662-71087-6_3

Klassische Wissenschaftskarriere in Deutschland

Interview mit Prof. Dr. Katharina Spraul, Professorin für Nachhaltigkeitsmanagement an der Technischen Universität Kaiserslautern

Zur Person: **Katharina Spraul** hat seit 2013 den Lehrstuhl für Nachhaltigkeitsmanagement an der Technischen Universität Kaiserslautern inne. Ihre gesamte akademische Ausbildung absolvierte sie an der Universität Mannheim, noch ohne einen expliziten Bezug zu Nachhaltigkeit. Nach dem Studium der Diplombetriebswirtschaftslehre begann sie 2003 ihre Promotion am Lehrstuhl für Allgemeine BWL, Public & Non-Profit-Management. Ab 2007 war sie dort als Habilitandin tätig und erweiterte ihren Arbeitsschwerpunkt auf den Bereich Corporate Social Responsibility. Mit der Ernennung zur Professorin im Jahr 2013 begann sie, das Fachgebiet Sustainability Management im Fachbereich Wirtschaftswissenschaften an der TU Kaiserslautern neu aufzubauen. Sie initiierte 2016 das Nachhaltigkeitsbüro an der TU und wurde 2020 zur Prodekanin im Fachbereich gewählt.

Was zeichnet eine wissenschaftliche Nachhaltigkeitskarriere aus?
Wissenschaftliche Nachhaltigkeitskarrieren sind so vielfältig wie die Nachhaltigkeit und die Wissenschaft selbst. Grob untergliedert gibt es einerseits WissenschaftlerInnen in der außeruniversitären Forschung und andererseits in Hochschulen und Universitäten, wo die Forschung durch Lehre und Weiterbildung ergänzt wird. Auf einer zweiten Ebene gibt es WissenschaftlerInnen, die sich mit einem Teilaspekt von Nachhaltigkeit beschäftigen, beispielsweise KlimaforscherInnen oder ArmutsexpertInnen und solche, die sich in ihrer Arbeit mit Nachhaltigkeit als übergeordnetem Konzept widmen. Man kann auch erst in das Thema Nachhaltigkeit hineinwachsen oder es „nebenbei" bearbeiten.

Wie sieht ein Tag in Ihrem Beruf aus?
Während meiner Promotions- und Habilitationszeit gab es dank meines Lehrstuhlumfelds Zeiten, in denen ich von morgens bis abends konzentriert an einer einzigen wissenschaftlichen Publikation schreiben konnte. Das hat sich stark geändert, seit ich meinen Lehrstuhl innehabe, der mit vielfältigen zusätzlichen Aufgaben verbunden ist.

Ein typischer Tag in der Vorlesungszeit an der Universität beginnt mit dem Lesen und Beantworten von E-Mails. Dann lese ich eine aktuelle Einreichung zu einer wissenschaftlichen Konferenz Korrektur. Wenn um 10 Uhr eine Vorlesung ansteht, gehe ich meine Aufzeichnungen und den Zeitplan durch und laufe entweder zum Hörsaal oder bereite die Videokonferenz vor. Nach der Vorlesung gebe ich der Universitätsverwaltung eine Rückmeldung über eine Kostenkalkulation für ein extern gefördertes Forschungsprojekt. In der Mittagspause gehe ich mit meinem Team in die Mensa. Am frühen Nachmittag ist mittwochs eine Gremiensitzung, bei der ich mit darüber entscheide, was im Fachbereich zu tun ist. Zwischendurch lese ich ein 40-seitiges englischsprachiges Manuskript weiter, damit ich in den nächsten Tagen über dessen wissenschaftliche Qualität ein Gutachten anfertigen kann, damit die Zeitschrift entscheiden kann, ob sie es veröffentlicht und die AutorInnen erfahren, was sie dazu verbessern sollen. Am späten Nachmittag habe ich eine Videokonferenz mit einem amerikanischen Professor, um seine Gastvorlesung zu besprechen.

In der vorlesungsfreien Zeit findet der Arbeitstag im Homeoffice statt, da blocke ich mir den Vormittag für die konzentrierte Arbeit an einem Buchkapitel und verlängere meine Mittagspause, um zu joggen, bevor wir nachmittags eine Videokonferenz im Team haben, um die Lehrveranstaltungen des nächsten Semesters zu planen. Abends halte ich einen externen Vortrag zu einem aktuellen Forschungsthema.

Welche Tipps geben Sie Studierenden, die eine wissenschaftliche Karriere anstreben?

Eine Tätigkeit in der Wissenschaft erfordert eine Balance zwischen Beharr-lichkeit und Flexibilität, sowie die Fähigkeit, in bestimmten Situationen richtig zu entscheiden. Beharrlichkeit braucht es bei der wissenschaftlichen Arbeit, Flexibilität in Bezug auf befristete Stellen und mögliche Orts-wechsel. Ich selbst habe enorm viel an der Universität Mannheim lernen dürfen, wo exzellente Forschung und Lehre Hand in Hand gehen und ich schon früh mit internationalen Konferenzen und ausländischen Forschen-den in Kontakt kam. Auch die Unterstützung durch Netzwerke und Timing spielen eine Rolle – mein Tipp wäre, sich selbst zu vertrauen, lernbereit zu sein und immer die Augen offenzuhalten für spannende Themen und hilfs-bereite Menschen.

Welche Kompetenzen sollten sich Studierende für die unternehmerische Praxis aneignen, um die Welt nachhaltiger zu gestalten? Mit meinem Lehrstuhl verfolge ich das Leitbild, ein Lernraum für Nachhaltigkeit zu sein. Unsere Lehrveranstaltungen sollen Kompetenzen für eine nachhaltige Zukunft vermitteln. In unserer Lehre beleuchten wir schon auf dem Bachelorniveau, dass es verschiedene Rollen gibt, in denen sich Studierende während und nach dem Studium nachhaltig verhalten können. Im Master kann man bei uns in Sustainability Management vertiefen und unser umfassendes Konzept von Nachhaltigkeitsmanagement erleben: „Sustainability Mindset, Theory and Practice" sowie Non-Profit-Management, ein Non-Profit-Gründungsprojekt und ein wechselnder internationaler Kurs zum Thema Kontext von Nachhaltigkeit (Anmerkungen der Autorinnen: siehe Abschn. 2.1.2). Ergänzend gibt es noch Seminare, Kolloquien, Projekte sowie die Abschlussarbeiten, in denen wir die Studierenden betreuen, oft auch in Kooperation mit Praxispartnern wie Unternehmen und Start-ups.

Was ist das Besondere am Studium an Ihrer Universität? Die Technische Universität Kaiserslautern ist die einzige technisch-naturwissenschaftliche Universität in Rheinland-Pfalz und eine mittelgroße Campusuniversität inmitten des Pfälzer Walds. Sie wurde vor wenigen Jahren in einem Ranking als „Primus aus der Provinz" bezeichnet, weil sich die in ihren Studiengängen vermittelten Kompetenzen in der Praxis bewähren. Meine Universität bietet ein für ihre Größe beeindruckendes Fächerspektrum und beherbergt sehr viele spannende Menschen, die begeistert ihre Themen verfolgen. Mich freut besonders, dass das Thema Nachhaltigkeit immer wichtiger wird und dass Institute, Ausgründungen, Unternehmen und Akteure aus der Region Zukunftsthemen wie Kreislaufwirtschaft gemeinsam bearbeiten wollen.

Internationale Wissenschaftskarriere: Von der Spieltheorie zur Professur für Nachhaltiges Wirtschaften

Interview mit Prof. Dr. Laura Marie Edinger-Schons, Professorin für Nachhaltiges Wirtschaften an der Universität Mannheim (seit Dezember 2022 an der Universität Hamburg)

Zur Person: **Laura Marie Edinger-Schons** ist seit 2015 Professorin für Nachhaltiges Wirtschaften an der Universität Mannheim. Nach dem Studium der Wirtschaftswissenschaften war sie für ihre Promotion zum Thema experimentelle Spieltheorie eine Zeit in Indonesien und hat dort vieles gesehen, das sie an unserem wirtschaftlichen System hat zweifeln lassen. Sie hat sich entschlossen, in der Wissenschaft zu bleiben und – trotz viel Skepsis, die ihr entgegenschlug – am Thema Nachhaltigkeit zu forschen. Über Forschungsprojekte und Publikationen in den USA wurde ihr schließlich 2015 der Lehrstuhl an der Universität Mannheim angeboten.

Was raten Sie Studierenden oder SchülerInnen, die sich für Nachhaltigkeit interessieren, bei der Wahl ihres Studiums?

In der Nachhaltigkeit gibt es mittlerweile sehr verschiedene Karrierewege, man sollte sich überlegen, welche Aspekte des Themas man am interessantesten findet. Ich habe mich für die Geschäftsmodelle und für das Management von Nachhaltigkeit entschlossen, weil ich das Gefühl hatte, der Mensch macht den Unterschied. Man braucht Menschen, die das Thema vorantreiben und die sich auch gegen die Skeptiker durchsetzen. Daneben gibt es aber noch ganz andere Facetten, z. B. die technischen und die ökologischen Aspekte, Berufe im Bereich der Chemie oder Biologie. Mittlerweile beschäftigen sich auch viele Programmierer mit Nachhaltigkeit (Anmerkung der Autorinnen: z. B. bei komplexen Berechnungen wie der Kompatibilität der Unternehmensaktivitäten mit einem 1,5° Klimaschutzziel) oder mit Themen wie Ethik der Daten etc. Das Feld ist so breit, dass man in sich rein spüren muss, welche Aspekte einen am meisten anziehen.

Was zeichnet eine wissenschaftliche Nachhaltigkeitskarriere aus und gibt es einen typischen Werdegang?
Der Nachwuchs in dem Bereich sind häufig QuereinsteigerInnen, da es bis jetzt noch nicht die ausgetretenen Karrierewege gab. Bei mir war es der Weg über ein VWL-lastiges Thema und einen Marketing-Background, ich habe die methodischen Fähigkeiten genutzt und sie auf das Thema Nachhaltigkeit angewendet und mich immer mehr reingearbeitet.

Mittlerweile gibt es mehr ausgetretene Wege, klarere Profile und damit viel mehr Ausschreibungen für Stellen. Inzwischen haben wir in den

BWL-Fakultäten auch Nachhaltigkeitslehrstühle, ähnlich ist es auch in der Wirtschaftsinformatik oder den Ingenieurwissenschaften.

Ein wichtiger Punkt in der Wissenschaft – mit Interdisziplinarität hat man es nicht unbedingt leicht, da man oft eher schlechtere Chancen hat, in Topjournals zu publizieren. Die Nachhaltigkeitslebensläufe sind aber häufig sehr interdisziplinär. Da muss man schlau schauen, wie man sich positioniert, sich fragen: Für welche Themen stehe ich?

Für den Anfang würde ich raten etwas mehr in der eigenen Disziplin zu bleiben, erst mal eine Professur zu bekommen und sich dann breiter zu orientieren. Wenn man es geschafft hat, 3–5 Paper in Topjournals unterzubringen, dann hat man einen wichtigen Teil der Eintrittskarte für eine Professur im deutschen Markt.

Wie sieht ein Tag in Ihrem Arbeitsleben aus?
Die Tätigkeit als ProfessorIn besteht aus verschiedenen Aktivitäten, eine Aktivität ist die Lehre und das ist das, was die meisten Leute mit ProfessorInnen verbinden.

Neben der Lehre haben wir die Forschung als zweiten großen Bereich, hier arbeitet man an verschiedenen Forschungsprojekten parallel in verschiedenen Phasen. Da man meist mit Co-AutorInnen arbeitet, sind viele meiner Tage auch gefüllt mit Abstimmungsgesprächen. Und dann arbeite ich, was nicht ganz typisch ist, viel mit der Praxis zusammen. Mit den Praxispartnern besprechen wir regelmäßig den Stand und die nächsten Schritte in den Forschungsprojekten. Meine Tage bestehen also aus Lehre, Forschung, Praxisprojekten und immer wieder mal Interviews und Vorträgen. Das Schöne ist, dass man in diesem Job einfach sehr viel Freiheit hat zu gestalten.

Was sind wichtige Kompetenzen, die die Studierenden mitbringen sollten, um in der Praxis die Welt nachhaltiger zu machen?
Über das Kompetenzprofil von NachhaltigkeitsmanagerInnen habe ich in der letzten Zeit viel diskutiert – was war der Nachhaltigkeitsmanager früher und was ist er heute. Die Rolle hat sich sehr dynamisch entwickelt. Ein Gastredner mit 15 Jahren Erfahrung im Nachhaltigkeitsmanagement hat das ganz schön beschrieben. Er hat gesagt, vor 15 Jahren hat man aus dem Marketing Geldspenden verteilt und schöne Berichte darüber geschrieben, dann war man der Accountant und hat sich auf die Berichterstattung konzentriert und mittlerweile ist man eine Art „Social Intrapre-

neur", muss die verschiedensten Person im Unternehmen vernetzen, Strukturen und neue Managementsysteme aufbauen. Aus meiner Sicht braucht man einerseits die methodischen und technischen Fähigkeiten, also das Fachwissen; aber man braucht auch unglaublich viele persönliche Fähigkeiten wie Kommunikations- und ChangeManagementSkills. Das ist genauso wichtig wie die fachlich-technische Seite des Jobs.

Was ist das Besondere am Studium in Mannheim?
Wir haben 2 Standbeine, die Fakultät Betriebswirtschaftslehre an der Universität und dann haben wir die Mannheim Business School, das privatwirtschaftliche Organ der Uni, in dem Managementlehre stattfindet für Praktiker. An der Fakultät gibt es den klassischen Master in Management, in dem wir jetzt immer mehr Nachhaltigkeitsinhalte anbieten. Auch im Bachelorprogramm bieten wir immer mehr Kurse an, aber dort gibt es keinen spezifischen Studiengang für Nachhaltigkeit. An der Mannheim Business School bieten wir zudem ab Herbst 2021 ein Masterprogramm an, das sich an Praktiker richtet und über 2 Jahre berufsbegleitend ist, mit einem Fokus auf Sustainability and Impact Management (Anmerkung der Autorinnen: siehe Abschn. 2.1.2).

Im Gegensatz zu bestehenden Programmen am Markt, die NachhaltigkeitsmanagerInnen ausbilden, ist unser Programm generalistischer. Wir bilden in den Grundlagen der Managementkompetenzen aus, aber immer mit einem spezifischen Fokus auf Nachhaltigkeit, z. B. Sustainable Finance, Sustainable Operations etc. Wir glauben, dass in einer optimalen Welt in der Zukunft jeder im Unternehmen NachhaltigkeitsmanagerIn ist und alle Funktionsbereiche wichtig sind. Neben ProfessorInnen aus der Fakultät haben wir viele PraktikerInnen im Programm, sodass man gleich von deren Erfahrungen lernen kann. Peer Learning ist unglaublich wichtig für die Nachhaltigkeitstransformation.

Internationale Wissenschaftskarriere an europäischen Business Schools

Interview mit Prof. Dr. Tobias Hahn, Professor für Nachhaltigkeit an der ESADE Business School, Barcelona

Zur Person: **Prof. Dr. Tobias Hahn** ist Professor für Nachhaltigkeit an der ESADE Business School. Er hat Umweltwissenschaften an der Leuphana Universität Lüneburg studiert und wurde dort im Bereich Sozial- und Umweltwissenschaften promoviert. Vor seiner Zeit bei ESADE war er als Professor an der Kedge Business School sowie als Projektmanager am IZT Berlin tätig.

Was raten Sie angehenden Studierenden bei der Wahl des Studiums, wenn sie sich in Richtung Nachhaltigkeit orientieren wollen?
Ich würde StudentInnen wahrscheinlich raten, ein Standardstudium zu machen, das aber im Curriculum viele Wahlmöglichkeiten hat, sich in Richtung Nachhaltigkeit zu spezialisieren. Ich hoffe und glaube, dass Nachhaltigkeit zukünftig in der gesamten Organisation integriert sein wird. Und idealerweise hat ein Nachhaltigkeitsmanager dasselbe Fachwissen in einem Bereich, also beispielsweise im Ingenieurwesen oder Investmentbanking, wie ein/e KollegIn, die oder der eben nicht nachhaltigkeitsorientiert ist. Damit nicht die Gefahr besteht, abgestempelt zu werden, „du bist hier der/die grüne ExpertIn und vom Geschäft hast du keine Ahnung". Es ist wichtig, dass die NachhaltigkeitsexpertInnen dasselbe Rüstzeug haben wie die „StandardkollegInnen", aber eben zusätzlich das Nachhaltigkeitswissen.

Dazu braucht es momentan auch noch die ExpertInnen, die eher Generalisten sind und Nachhaltigkeit als Spezialthema haben und das in der Tiefe durchdringen. Ich denke auf lange Sicht ist das aber die Minderheit.

Das bedeutet natürlich, dass die Universitäten die Spezialisierung mitdenken und integrieren müssen. In den Business Schools funktioniert es momentan so, dass man einen Standard-Bachelor macht und obendrauf eine Spezialisierung setzt. Da laufen die Business Schools den Trends noch hinterher.

Wie ist Ihr eigener Werdegang und was würden Sie Studierenden raten, die eine wissenschaftliche Nachhaltigkeitskarriere anstreben?
Mein Werdegang ist total untypisch, weil ich Umweltwissenschaften studiert habe. Mein Jahrgang war, glaube ich, der erste, der den Studiengang in Lüneburg von Anfang an durchlaufen hat. Der Studiengang war sehr interdisziplinär, im Rückblick aber zu oberflächlich. Wenn ich jetzt

schaue, was meine damaligen KommilitonInnen machen, ist das ein sehr gemischtes Bild. Viele sind in der Nachhaltigkeitsabteilung, aber viele machen auch ganz andere Dinge.

Ich habe dann meine Diplomarbeit bei Heidelberger Druckmaschinen geschrieben und musste mich entscheiden, ob ich dort einsteigen will oder ob ich eine wissenschaftliche Karriere möchte. Mein Diplomarbeitsbetreuer hat mir angeboten, bei Drittmittelprojekten einzusteigen und darum habe ich mich für die wissenschaftliche Abbiegung entschieden.

Als dort die Finanzierung auslief, bin ich zu einem kleinen Forschungsinstitut, das auch drittmittelfinanziert war, habe daneben meine Dissertation fertig geschrieben und dann nach einiger Zeit gemerkt, dass ich wieder in den akademischen Betrieb rein möchte. Das habe ich dann über die Auslandsschiene geschafft, da der akademische Markt in Deutschland doch sehr traditionell ist und über die Habilitation sehr protektionistisch. Da sind andere europäische Länder weiter, haben Department- statt Lehrstuhlstrukturen, in denen dann gemeinsam gearbeitet und geforscht wird. Es gibt verschiedene Stufen, den Assistant Professor mit dem Tenure Track (Anmerkung der Autorinnen: Bewährungszeit von 5 Jahren vor einer Entfristung der Stelle), den Associate Professor und natürlich den Full Professor. Du musst aber nicht ganz hoch kommen auf der Leiter, du musst nur Tenure bekommen (was üblicherweise mit einer Beförderung zum Associate Professor einhergeht), um eine unbefristete Stelle zu erhalten.

Eine Professur in einer Business School rein mit dem Nachhaltigkeitsthema zu bekommen, ist aus meiner Sicht eher schwierig. Man braucht auch da wieder das Rüstzeug und die Fundierung in einer Disziplin. Die Herausforderung in der Nachhaltigkeit ist, dass man in 2 Gebieten richtig firm sein muss. Was mir zugutekommt ist, dass ich die naturwissenschaftlichen Grundlagen habe. Damit bin ich kein Experte, kann aber eine Studie zum Thema Biodiversität oder Ökosystemdynamik zumindest ansatzweise verstehen.

Am Ende zählt in der Wissenschaftskarriere, vor allem international, den Tenure Track durchzuhalten und relevante Publikationen zu haben. Das ist das A und O und ist in allen Disziplinen ähnlich. Im Business-School-Bereich läuft es nicht anders, man braucht einen bestimmten „Research Output", der zeigt: Diese Person kann akademisch arbeiten.

Und das ist die Frage, ob ich das mit dem Nachhaltigkeitsthema hin-komme. Vor 15, 20 Jahren wäre das nicht möglich gewesen. Die Top-journals sind mittlerweile ein Stück weit mit der Zeit mitgegangen und sind offener geworden, was die Themen betrifft, fordern aber immer noch, dass die Publikationen über das Nachhaltigkeitsthema hinausgehen. Meine PhD-StudentInnen im Nachhaltigkeitsbereich, die jetzt kurz vor dem Abschluss stehen, sind noch sehr darauf bedacht, in die Standard-journals reinzukommen. Viele sagen auch, es ist besser, eine Standardaus-bildung zu haben, z. B. einen Abschluss in Organisationstheorie und nicht „nur" in Nachhaltigkeit. Weil sie sich dann auf mehr Stellen bewer-ben können. Wenn Stellen in Business Schools ausgeschrieben werden, geht das immer mit der Frage einher: Was haben wir für einen Lehr-bedarf? Als reiner Nachhaltigkeitsexperte kann ich „nur" Nachhaltigkeit lehren, dann ist mein Markt relativ klein. Wenn ich aber „Business Stra-tegy" lehren kann oder „Operations", dann ist mein Markt größer. Oft werden beispielsweise Operations- oder Strategy-Spezialisten gesucht, forschungsseitig ist man aber sehr offen für Nachhaltigkeitsthemen. In der Lehre kann man dann „Green Operations", „Green Supply Chain Management" etc. einbauen, aber der Titel des Kurses wird nach wie vor „Operations" oder „Supply Chain Management" sein. Auch in der Wissenschaft ist es also sinnvoll, Schnittstellen zu besetzen und neben dem Nachhaltigkeitsthema auch eine komplementäre Standarddisziplin zu beherrschen.

Können Sie einmal beschreiben, wie ein typischer Arbeitsalltag in der Lehrzeit bei Ihnen aussieht?
Der erste Bereich ist die Lehre. In der Lehrperiode hat man jede Woche eine gewisse Anzahl an Stunden, die man im Hörsaal oder im Seminar-raum steht. Und das muss natürlich vor- und nachbereitet sein. Es gibt auch Phasen, in denen man nichts anderes macht als Lehren, Lehre vor-bereiten, Lehre nachbereiten. Das sind ein paar Wochen im Jahr.

Der klassische zweite Bereich ist die Forschung. Forschung ist für mich der Hauptgrund, warum ich den Job mache. Ich lehre gern, aber was mich anspornt und vorantreibt, ist der Forschungsaspekt. Und was ich da schätze, ist dieser unglaublich hohe Grad an Selbstbestimmung, an Flexibilität. Ich forsche zu einem Thema, das mich interessiert und ich kann mir aussuchen, ob ich empirisch arbeite, wie ich empirisch arbeite, oder ob ich rein konzeptionell arbeiten möchte. Dazu gehört viel Selbstdisziplin. *Man muss sich selbst motivieren dranzubleiben, denn Forschung ist nie eine gerade Linie, es geht einen Schritt vor, einen zurück. Man braucht viel Selbstdisziplin und eine hohe Frustrationstoleranz.* Was noch wichtig ist: Der Publikationsprozess zieht sich über Jahre, vor allem bei den Topjournals.

Was vor allem im Nachhaltigkeitsbereich viele KollegInnen umtreibt, ist nicht nur im wissenschaftlichen Elfenbeinturm erfolgreich zu sein, sondern auch in der „echten Welt" Einfluss zu nehmen. Das heißt entweder Forschung mit Unternehmen zusammen zu machen, anwendungsorientierte Forschung machen oder in Richtung Knowledge-Transfer gehen. Man muss sich dann entscheiden, wo man seinen Schwerpunkt setzt.

Was die Karriereplanung betrifft, muss man am Anfang, vor allem wenn man sich im europäischen Kontext bewegt, den Tenure Track von 5 Jahren überstehen, um dann die Stelle entfristet zu bekommen. Oft orientiert man sich danach noch mal etwas neu, dann hat man mehr Luft für neue Themen oder auch für die Zusammenarbeit mit Unternehmen.

Auch da ist es schön, dass man sich die Orientierung ein Stück weit selbst aussuchen und gestalten kann. Das empfinde ich persönlich fast als das größte Privileg meines Jobs. Diese unglaubliche Autonomie der Gestaltung.

Es gibt noch einen dritten Bereich, den Verwaltungsbereich mit den Adminaufgaben. Das ist an deutschen Unis sehr wichtig und recht zeitintensiv. Das ist in vielen europäischen Ländern nicht so stark ausgeprägt, es hängt aber wirklich ein Stück weit am institutionellen Rahmen.

Was sind Kompetenzen, die die StudentInnen mit ins Berufsleben nehmen sollten? Was brauchen sie, um die Welt nachhaltiger zu gestalten?

Frustrationstoleranz. Das betrifft nicht nur die Studierenden, sondern sowohl die KollegInnen im akademischen Bereich als auch die im Unternehmen oder in NGOs. Ich beobachte oft, dass Menschen, die sich sehr stark mit dem Nachhaltigkeitsgedanken identifizieren, auch sehr viel Herzblut reinstecken. Dadurch wird die Fallhöhe hoch. Der Anspruch wird hoch, nicht nur an sich selbst, sondern auch an andere. Und wenn es dann nicht funktioniert, dann ist natürlich die Enttäuschung groß. Das ist die Kehrseite dessen, dass die Motivation, dieses Engagement für die größeren Ideen, unglaublich viel Zufriedenheit bringen kann im Job. Aber sie kann eben auch wahnsinnig viel Frustration bringen. Wichtig ist, dass man sich nicht von Misserfolgen unter Druck setzen lässt, sondern diesen Anspruch an sich selbst nicht überhöht. Ich allein werde die Welt nicht retten. Egal was ich mache. Wir zusammen als Nachhaltigkeitscommunity, wir werden die Welt nicht retten. Wir können in diese Richtung arbeiten. Ich denke, das ist ganz, ganz wichtig. Diese Fallhöhe, die aus dem Idealismus entsteht, die ist gefährlich. Weil die Gefahr besteht, dass die Menschen zynisch werden.

Eine andere wichtige Kompetenz ist, sich einarbeiten zu können in andere Felder, nicht zwangsläufig Experte zu werden, aber sich einarbeiten zu können. Nachhaltigkeit ist nun mal dieses themenübergreifende, komplexe Biest. Wenn man an einer Schraube dreht, dann klemmt es an 2, 3 anderen Stellen. Und man wird als Nachhaltigkeitsexperte nie dahin kommen, das alles zu durchdringen und zu verstehen, aber man muss dahin kommen, mit den Menschen, die in den anderen betroffenen Bereichen Experten sind, kommunizieren zu können. Das heißt, man muss sich einarbeiten können, einfühlen und eindenken. Selbst Menschen, die von Nachhaltigkeit überzeugt sind, aber aus unterschiedlichen Ecken kommen, kriegen sich in die Haare, obwohl sie eigentlich an der gleichen Sache arbeiten. Da braucht es Empathie und eine gewisse Beweglichkeit im Kopf, um andere Sichtweisen oder Ansätze zu verstehen und sich da reinzudenken. Für mich sind das die 2 wichtigsten Dinge, die man braucht. Daneben gibt es weitere Aspekte, wie langfristig denken und auch Ausdauer.

4

Der Einstieg und mögliche Berufsfelder

In diesem Kapitel stellen wir im ersten Teil (Abschn. 4.1) verschiedene nachhaltigkeitsbezogene Rollen im unternehmerischen Kontext vor. Jede Rolle wird über eine Rollenbeschreibung vorgestellt und durch ein Interview aus der Praxis ergänzt. Sicherlich gibt es nicht die eine Rolle, die sich überall gleicht. In jedem Unternehmen sind die Aufgabenbereiche unterschiedlich zugeschnitten, haben ein unterschiedliches Spektrum, andere Berichtslinien und je nach Branche abweichende Schwerpunktthemen. Wir haben versucht, einen möglichst großen Querschnitt aus Unternehmensgrößen, Erfahrungsgraden und Branchen abzubilden, um die Vielfalt der Rollen aufzuzeigen und anschaulich darzustellen, was diese Rolle in der Praxis bedeuten kann. Die Rollenbeschreibungen und Praxisinterviews stellen daher eine von mehreren möglichen Rollenausprägungen dar.

Im zweiten Teil gehen wir auf weitere Rollen in anderen beruflichen Kontexten ein (Abschn. 4.2). Neben den Stellen im Unternehmen gibt es eine Vielzahl an weiteren Rollen in NGOs, den Medien, der Wirtschaftsprüfung, Stiftungen usw. Auch hierauf gehen wir exemplarisch über Interviews ein.

© Der/die Autor(en), exklusiv lizenziert an Springer-Verlag GmbH, DE, ein Teil von
Springer Nature 2025
S. Juretzek, S. Broschat, *Nachhaltige Karriere – mit dem richtigen Job die Welt
verändern*, https://doi.org/10.1007/978-3-662-71087-6_4

4.1 Rollen in der Nachhaltigkeit

So breit das Thema Nachhaltigkeit ist, so vielfältig sind auch die Rollen im Unternehmen. Um eine bessere Vorstellung zu den einzelnen Rollen zu erhalten, stellen wir im Folgenden verschiedenste Rollen in der unternehmerischen Nachhaltigkeit mittels einer Beschreibung und eines Praxisinterviews vor.

4.1.1 Chief Sustainability Officer und LeiterIn Nachhaltigkeit

Als erstes Rollenprofil stellen wir an dieser Stelle die Leitungsfunktion für das Nachhaltigkeitsmanagement in Unternehmen vor. Bei dieser Rolle laufen die Fäden für das unternehmensweite Engagement zusammen. Die Person kann als Chief Sustainability Officer (CSO) zum Vorstand gehören, aber auch direkt an den Vorstand berichten. Die Rolle LeiterIn Nachhaltigkeit ist in der Regel nicht Teil des obersten Führungsteams (Vorstand oder Geschäftsführung), sondern agiert in der Ebene darunter mit direkter Berichtslinie an den Vorstand, die/den CSO oder ein Vorstandsgremium. Da sich die Aufgaben stark ähneln, haben wir die Rollenbeschreibungen hier zusammengefasst.

Folgende Aufgaben kann die Rolle enthalten
- Entwicklung und Implementierung einer unternehmensweiten Nachhaltigkeitsstrategie, inklusive entsprechender Ziele und Kennzahlen sowie Sicherstellung, dass die Nachhaltigkeitsaktivitäten mit der allgemeinen Geschäftsstrategie übereinstimmen bzw. in diese integriert sind und werden
- Initiierung, Entwicklung und Steuerung der Nachhaltigkeitsaktivitäten und Schlüsselinitiativen des Unternehmens
- Verantwortung für die Nachhaltigkeitsberichterstattung, einschließlich der jährlich veröffentlichten Berichte, Website-Inhalte und Umfragen externer Ratingagenturen
- Implementierung und Sicherstellung geeigneter interner Prozesse, Kontrollen und Messsysteme, um Nachhaltigkeitsziele zu erreichen und Fortschritte zu monitoren

- Verantwortung für das Budget
- Fachliche Unterstützung und Begleitung des Vorstands sowie der Führungskräfte in allen Geschäftsbereichen, auch mit Blick auf Formulierung und Steuerung von Aktionsplänen mit definierten zeitgebunden Zielen, Vorgaben und Verantwortlichkeiten
- Kontaktaufnahme mit und Reaktion auf wichtige externe Stakeholder zu Nachhaltigkeitsthemen, z. B. Nichtregierungsorganisationen, Partner, bestehende und potenzielle Kunden, gesellschaftliche Gruppen, InvestorInnen

Abschluss, Qualifikationen und Kompetenzen
- Abgeschlossenes Studium mit dem Schwerpunkt Betriebswirtschaft, Umweltmanagement, Kommunikationswissenschaften oder Nachhaltigkeitsmanagement
- Umfassende Erfahrungen im Bereich Nachhaltigkeit in den Bereichen Strategieentwicklung, -implementierung, Kommunikation und Reporting
- Fachwissen über Umwelt-, Sozial- und Governance-Themen, wie beispielsweise Klima, Menschenrechte, Biodiversität, soziale Verantwortung
- Kenntnisse von globalen Nachhaltigkeitsstandards, Rahmenwerken und Initiativen, z. B. des Pariser Abkommens, der Sustainable Development Goals und der Science-Based-Targets-Initiative, sowie aktueller regulatorischer Entwicklungen
- Expertenwissen über die Anforderungen der Nachhaltigkeitsberichterstattung, wie beispielsweise der CSRD, der Global-Reporting-Initiative (GRI), der Sustainability Accounting Standards Board (SASB) und die Task Force on Climate-Related Financial Disclosures (TCFD)
- Selbstvertrauen und Erfahrung in der Beratung zu Nachhaltigkeit auf allen Ebenen einer Organisation und mit externen Stakeholdern
- Erfahrung im Umgang mit und in der Reaktion auf Stakeholder, wie: Mitarbeitende, Vorstand, NGOs, InvestorInnen, Gemeinden, Regierung
- Für weitere Kompetenzen, die für alle Rollen relevant sind, siehe auch Abschn. 6.1

Für die Rollen der Chief Sustainability Officer und der NachhaltigkeitsleiterInnen wurden Ulrike Sapiro (Henkel) und Claudia von Bothmer (Telefónica) interviewt. Damit tragen wir der Entwicklung Rechnung, dass Nachhaltigkeit vermehrt Teil des strategischen Managements von Unternehmen wird.

Interview mit Ulrike Sapiro

Chief Sustainability Officer, Henkel AG & Co. KGaA

Zur Person: **Ulrike Sapiro** ist seit Mai 2021 die erste Chief Sustainability Officer bei Henkel. Das Unternehmen ist ein im DAX 30 gelistetes Familienunternehmen für chemische Konsumgüter (Waschmittel, Reinigungs- und Schönheitsprodukte) sowie für industrielle Technologien (Hochleistungskleber und Harze). Davor war sie 13 Jahre bei der Coca-Cola Company in europäischen und globalen Positionen in der Nachhaltigkeitsstrategie tätig. Am Anfang ihrer Karriere standen diverse Positionen in der politischen und Öffentlichkeitsarbeit bei einem international tätigen Wasserversorger.

Wann und wieso haben Sie sich in Ihrer Karriere für Nachhaltigkeit entschieden?

Der Begriff Nachhaltigkeit als professionelle Positionsbeschreibung begegnete mir in den ersten 5 Jahren meiner beruflichen Laufbahn – die Karriere hat eher mich gefunden. Bei mir fügten sich verschiedene Elemente hier zusammen: Ich habe Politikwissenschaften studiert, was in meiner Erfahrung vor allem systemisches und integratives Denken schult. Wer Politik versteht, weiß, dass Entwicklungen nie linear sind, sondern in Zyklen passieren – eine wichtige Komponente der heutigen Nachhaltigkeitsschule. Durch meine ersten Rollen in der Wasserwirtschaft hatte ich früh das Glück, am Thema Wasser zu arbeiten. Wasser war hier nicht nur eine global kritische natürliche Ressource, sondern auch ein wichtiges Medium für sozialen Fortschritt und gleichzeitig essenziell für den Erfolg des Unternehmens – also in vielerlei Hinsicht war diese Konstellation typisch für das, was heute Nachhaltigkeit genannt wird.

Welche Aufgaben umfasst Ihre Rolle als CSO? Wie sieht heute ein typischer Arbeitstag für Sie aus?

Derzeit – und für die kommenden Monate – wird meine Rolle noch sehr stark davon geprägt sein, das Unternehmen Henkel und seine Kultur, seine Märkte und seine Stakeholder kennenzulernen. Es ist aber deutlich, dass meine Rolle vor allem daraus besteht, zusammen mit den 3 Geschäftsbereichen (Wasch- und Reinigungsmittel, Haar & Körperpflege und Klebstoffe sowie den globalen Querschnittsfunktionen wie Finanzen, Einkauf und Kommunikation) einen neuen globalen strategischen Rahmen für unser Unternehmen im Bereich Nachhaltigkeit zu setzen und mich dafür einzusetzen, dass wir die richtigen Daten und Systeme verfügbar haben, um uns weiterhin ambitionierte Ziele zu setzen, sie zu erreichen und transparent in unsere Produkte und Lösungen für Kunden und Konsumenten zu integrieren. Weiterhin werde ich Leadership, Capacity Building und Netzwerken in meinem Team und in der weiteren Nachhaltigkeits-Community bei Henkel priorisieren, denn nur durch enge Verflechtung mit dem Unternehmen werden wir weiterkommen. Drittens sehe ich meine Aufgabe darin, das Unternehmen nach außen zu vertreten, z. B. um den engen Dialog und die vertrauensbasierte Zusammenarbeit mit unseren Partnern und Stakeholdern weiter zu stärken. Zwischen diesen 3 Gewichten kreisen meine Prioritäten, abhängig von wichtigen Meilensteinen, Gelegenheiten und Zeitfenstern, wie z. B. dem Business Planning.

Welches Wissen und welche Kompetenzen braucht man, um Ihren Job erfolgreich zu machen?

Dass man ein gewisses Maß an Wissen zu den technischen Gegebenheiten verschiedener Nachhaltigkeitsthemen braucht, ist ja selbstverständlich. Das kommt mit der Zeit, braucht aber – wenn man nicht von der technischen Seite kommt – auch echte Neugierde, Geduld und Durchhaltevermögen, um sich durch die komplexeren Themen und Terminologien durchzuboxen. *Sehr wichtig ist ein breites Verständnis für das Geschäft des Unternehmens selbst, z. B. seine Absatzmärkte, Kunden, Wettbewerber, und InvestorInnen, denn nur wer das eigentliche Geschäft versteht, kann es auch im Sinne der Nachhaltigkeit verändern.* Was ebenso wichtig – und manchmal schwieriger zu lernen ist – sind Kompetenzen im Bereich Kommunikation, z. B. um die komplexen Zusammenhänge oder wissenschaftlichen Details im Umweltbereich zu vereinfachen und einem breiteren Publikum im Unternehmen und außerhalb zugänglich zu machen. Dazu gehört auch das Geschick, viele interne und externe Stakeholder einzubeziehen, zuzuhören und aus den verschiedenen Meinungen eine geschäftsrelevante Richtung zu entwickeln. Das braucht viel menschliches Einfühlungsvermögen, Geduld und auch Offenheit, mit hartnäckigen Ambivalenzen umzugehen.

Was würden Sie BerufseinsteigerInnen raten, wenn sie in das Nachhaltigkeitsmanagement eines Unternehmens einsteigen möchte?
Zunächst sollte man sich überlegen, ob der eigene Ehrgeiz darin liegt, Nachhaltigkeit über eine Managementkarriere strategisch voranzutreiben, oder eher durch technische und operative Arbeit praktisch umzusetzen. Für eine längere und kontinuierliche Karriere in der Nachhaltigkeit ist es wichtig, verschiedene Erfahrungen und Perspektiven einzubringen, z. B. indem man zunächst verschiedene Rollen in Unternehmen durchläuft, um das Geschäft von innen kennenzulernen. Das kann überall sein, je nachdem wo das eigene Interesse liegt oder eine Möglichkeit zum Einstieg besteht. Im besten Fall ist es nicht gleich der Nachhaltigkeitsbereich. Denn das Interessante an Nachhaltigkeit ist, dass es sich quer durch das Unternehmen zieht und jede Funktion einen Beitrag bringen kann und muss, um ein Unternehmen nachhaltiger zu gestalten. Im nächsten Schritt empfiehlt es sich, sich in einem Nachhaltigkeitsprojekt zu engagieren oder selbst Vorschläge für Nachhaltigkeitsinitiativen zu machen, um das Thema zu besetzen. Wichtig sind auch interne Netzwerke – auch hin zu den Nachhaltigkeitsverantwortlichen, einerseits um Interesse zu signalisieren, andererseits um verstärkt einbezogen zu werden.

Was würden Sie UmsteigerInnen raten, die sich Richtung Nachhaltigkeit orientieren möchten?
Ich würde das Gleiche wie EinsteigerInnen auch UmsteigerInnen raten. Die meisten Unternehmen blicken auf eine Zukunft mit fundamentalen Veränderungen in ihrem Geschäftsmodell und ihren Märkten. Das heißt im Umkehrschluss, dass jede Funktion heutzutage eine wichtige Rolle hat, um Potenziale für Nachhaltigkeit im Unternehmen zu erkennen und um-

zusetzen. *Offenheit, Neugier und Initiative, um Netzwerke zu bauen und Vorschläge für mehr Nachhaltigkeit und Innovation zu machen, sind essenziell.*

Welche Weiterbildungen haben Ihnen auf Ihrem Weg besonders geholfen?
Der Markt für nachhaltigkeitsorientierte Weiterbildung hat sich in den letzten Jahren enorm vergrößert und viele der führenden Hochschulen bieten Studiengänge, die entweder speziell auf Nachhaltigkeitsmanagement zugeschnitten sind oder es in einem traditionellen Thema einbinden. Ich finde es auch interessant, dabei den kulturellen Horizont zu erweitern und im Ausland nach einer Möglichkeit zu schauen. Ich denke, es ist vor allem wichtig, nach einer internationalen Ausrichtung zu schauen, in der verschiedene Kulturen und Denkweisen zusammenkommen, sowie eine gute Balance zwischen wissenschaftlicher und wirtschaftlicher – also auch praktischer – Kompetenz. Ich persönlich habe die Erfahrung sehr genossen, meine Impulse zu Nachhaltigkeit an der Cambridge University am Institute for Sustainability Leadership (CISL) zu bekommen. Das Umfeld, die Diversität der Teilnehmer und Lehrkräfte, der andere akademische Ansatz in England und auch die enge Anbindung an die universitätseigene wissenschaftliche Infrastruktur fand ich sehr bereichernd.

Interview mit Claudia von Bothmer

Director Corporate Responsibility & Sustainability, Telefónica Deutschland Holding AG (seit Januar 2022 zusätzlich auch Menschenrechtsbeauftragte im Sinne des LkSG)

Zur Person: **Claudia von Bothmer** ist seit 2011 als Head of Corporate Responsibility und seit 2022 als Director Corporate Responsibility & Sustainability für alle Nachhaltigkeitsthemen von Telefónica Deutschland verantwortlich, einschließlich der Sozialprogramme. Zuvor arbeitete sie als Head of PR & Kommunikation bei der McDonalds Kinderhilfe Stiftung. Ihre Karriere begann sie 2001 als PR-Managerin bei der dot.communications GmbH. Claudia von Bothmer hat einen Master in Kommunikationswissenschaft, Neuer deutscher Literatur und Markt- und Werbepsychologie von der Ludwig-Maximilians-Universität München.

Wann und wieso haben Sie sich in Ihrer Karriere für Nachhaltigkeit entschieden?
Ehrlich gesagt war das erst mal keine bewusste Entscheidung, sondern eher ein glücklicher Zufall. Mir war immer wichtig, dass ich einen Job mache, der mich erfüllt, etwas mit Kommunikation zu tun hat und der sich bestenfalls mit einem Sinn für die Gesellschaft verbinden lässt. Nachdem ich 8 Jahre einen sehr sinnstiftenden Job bei der McDonald's Kinderhilfe Stiftung hatte, wollte ich mich weiterentwickeln, gerne auf Unternehmensseite. Bei McDonald's hatte ich bereits die Entwicklung der Nachhaltigkeitsstrategie begleitet, das Thema interessierte mich. Nachdem ich auf eine Stellenanzeige bei Telefónica als Pressesprecherin für deren Sozialprogramme aufmerksam wurde und zu einem ersten Gespräch geladen wurde, eröffnete mir der damalige Kommunikationschef, dass sie auch gerade die Stelle „Head of Corporate Responsibility" ausschreiben würden, die er sich auch sehr gut bei mir vorstellen könnte. Ich bewarb mich, wurde zum Assessmentcenter eingeladen und bekam die Stelle.

Welche Aufgaben umfasst Ihre Rolle? Wie sieht ein typischer Arbeitstag für Sie aus?
Ich leite das gesamte Nachhaltigkeitsengagement von Telefónica und damit auch das Team, das sich um diese Themen kümmert. Damit bin ich auch für die Entwicklung der Nachhaltigkeitsstrategie des Unternehmens verantwortlich. Im Zentrum steht dabei unser „Responsible Business Plan 2025", mit dem wir unsere konzernweiten Nachhaltigkeitsaktivitäten entlang der gesamten Wertschöpfungskette und auf allen Unternehmensebenen steuern. Darüber hinaus gehört zu meinem Aufgaben- und Verantwortungsbereich das Entwickeln und Umsetzen unserer Sozialprogramme, das gesamte Umweltmanagement und das Umsetzen der Klimastrategie, das immer umfangreicher werdende Nachhaltigkeitsreporting, der Dialog mit internen und externen Stakeholdern, das Aufsetzen von Projekten, die Unternehmensbereiche dabei befähigen, nachhaltig zu wirtschaften, die Abstimmung mit unserem spanischen Mutterkonzern. Einen typischen Arbeitsalltag gibt es bei mir nicht und das finde ich toll.

Was würden Sie BerufseinsteigerInnen raten, die in das Nachhaltig-keitsmanagement eines Unternehmens einsteigen möchten?

Der gesamte Nachhaltigkeitsbereich hat sich in den letzten Jahren sehr ver-ändert und an allgemeiner Relevanz gewonnen. Vieles ist stärker reguliert und hängt nicht mehr von den Präferenzen der Geschäftsleitung ab. Der Finanzmarkt macht zunehmend Investitionsentscheidungen vom Nach-haltigkeitsengagement des Unternehmens abhängig. Profundes Fachwissen ist immer mehr gefragt. Es gibt sicherlich auch heute noch sehr unter-schiedliche Wege in den Nachhaltigkeitsbereich eines Unternehmens. *Den-noch würde ich BerufseinsteigerInnen empfehlen, den ersten Job in einer Nach-haltigkeitsberatung zu machen. Dort erhalten sie einen guten Überblick über die aktuellen Nachhaltigkeitsthemen und lernen auch die unterschiedlichen Anforderungen und Herausforderungen der Unternehmen kennen.* Daneben sind auch Erfahrungen bei Organisationen relevant, die sich mit branchen-spezifischen Nachhaltigkeitsthemen auseinandersetzen. Nachdem sich auch der Nachhaltigkeitsbereich sehr internationalisiert, wird fließendes Englisch und Auslandserfahrung von Vorteil sein. Das sind sicher gute Voraussetzungen für den Einstieg in Unternehmen.

Was würden Sie UmsteigerInnen raten, die sich Richtung Nachhal-tigkeit orientieren möchten?

Es ist nie zu spät für einen Wechsel. Dennoch ist zunehmend ein um-fassendes Fachwissen im Nachhaltigkeitsbereich gefragt. Das kann in Auf-baustudiengängen und berufsbegleitenden Studiengängen erworben wer-den. Besucht Konferenzen und Kongresse, um einen guten Überblick über die aktuellen Nachhaltigkeitsthemen und -fragen zu bekommen. Tretet Nachhaltigkeitsnetzwerken bei, um Menschen kennenzulernen, die bereits im Nachhaltigkeitsbereich arbeiten. Praktische Erfahrungen in Unter-nehmen, NGOs und im dritten Sektor sind sicherlich hilfreich.

Welches Wissen und welche Kompetenzen braucht man, um Ihren Job erfolgreich zu machen?

In meinem Job ist mittlerweile eine tief greifende Kenntnis des Themas Nachhaltigkeit wichtig. Und das ist ein weites Feld. Nachdem das Nach-

haltigkeitsengagement durch das gesamte Unternehmen über alle Hierarchie-
ebenen gesteuert wird, sollte man selbstbewusst und gut vernetzt sein, unter-
nehmenspolitische Zusammenhänge kennen und nutzen. Auch gute Kenntnis im unternehmensweiten Projektmanagement ist elementar. Darüber
hinaus gehören ein großes Interesse und die Bereitschaft sich immer wieder
mit neuen regulatorischen Anforderungen, Themen und gesellschafts-
politischen Entwicklungen auseinandersetzen dazu und neue Lösungswege
und Standpunkte für das Unternehmen zu entwickeln. Eine gute kommunikative Kompetenz ist hilfreich – da man sowohl intern mit unterschiedlichsten Gremien, Verantwortlichen und Bereichen im Austausch steht, aber
auch mit externen Anspruchsgruppen. Interne und externe Kommunikation der Maßnahmen sind ebenso zentral. Man sollte Interesse an Prozessen,
Strukturen und Kontrollmechanismen haben, um das gesamte Nachhaltigkeitsreporting unternehmensweit steuern zu können.

Was macht eine/n gute/n CR-ManagerIn aus?
Kurz zusammengefasst: Basierend auf einer umfangreichen Kenntnis des
Nachhaltigkeitsbereichs und der aktuellen Entwicklungen sollte ein guter
CR Manager/in vor allem:

- ein/e Stratege/in,
- ein/e Enabler/ProjektmanagerIn,
- ein/e NetzwerkerIn,
- ein/e ReporterIn,
- ein/e ControllerIn,
- ein/e KommunikatorIn sein.

4.1.2 Nachhaltigkeitsbeauftragte/r

Die Rolle der Nachhaltigkeitsbeauftragten lässt sich nicht trennscharf zur
Rolle der Chief Sustainability Officer und NachhaltigkeitsleiterIn abgrenzen. Die genaue Positionierung und damit einhergehend das Aufgabenfeld der Rolle hängt vom Reifegrad und der Größe des Unternehmens
ab. Nachhaltigkeitsbeauftragte in Großunternehmen sind mehrheitlich
Spezialisten mit einem inhaltlichen Schwerpunkt, z. B. Reporting oder

Umweltmanagement. In mittelständischen und kleinen Unternehmen agieren Nachhaltigkeitsbeauftragte hingegen oftmals wie NachhaltigkeitsleiterInnen.

Folgende Aufgaben kann die Rolle enthalten
- Erarbeiten, Bewerten und Präsentieren von Nachhaltigkeitsthemen unter Berücksichtigung der Unternehmensziele und -strategie
- Entwicklung und Umsetzung von Nachhaltigkeitskonzepten und -maßnahmen für das Unternehmen entlang der gesamten Wertschöpfungskette
- Aufbau, Weiterentwicklung, Pflege und Monitoring von Nachhaltigkeitskennzahlen
- AnsprechpartnerIn für andere Fachbereiche mit Blick auf Nachhaltigkeitsmaßnahmen und Entwicklung von Projektideen
- Steuerung der anforderungsgerechten Umsetzung aller Maßnahmen u. a. zum Verpackungsgesetz, Sorgfaltspflichtengesetz, Kreislaufwirtschaftsgesetz zusammen mit der Qualitäts- und Rechtsabteilung

Abschluss, Qualifikationen und Kompetenzen
- Abgeschlossenes Studium mit dem Schwerpunkt Betriebswirtschaft, Umweltmanagement, Kommunikationswissenschaften oder Nachhaltigkeitsmanagement
- Langjährige Berufserfahrung im Nachhaltigkeitsmanagement
- Projektleitungs- und Projektmanagementerfahrung, Kommunikations- und Überzeugungsstärke, analytische Fähigkeiten, ausgeprägte Präsentationssicherheit, unternehmerisches Denken und Handeln
- Erfahrung im Umgang mit und in der Reaktion auf Stakeholder, einschließlich, aber nicht beschränkt auf: Mitarbeitende, Vorstand, NGOs, InvestorInnen, Gemeinden, Regierung
- Für weitere Kompetenzen, die für alle Rollen relevant sind, siehe auch Abschn. 6.1

Interview mit Dayane Kemmer Marquart

Nachhaltigkeitsbeauftragte, Signal Iduna Gruppe

Zur Person: **Dayane Kemmer Marquart** lebte bis zu ihrem 19. Lebensjahr in Brasilien und ist studierte Sprachlehrforscherin. Seit ihrem Einstieg bei der Signal Iduna Gruppe im Jahr 2010 arbeitete sie u. a. als Gruppenleiterin in der Datenerfassung sowie als Referentin in der Unternehmenskommunikation. Seit 2017 ist sie die Nachhaltigkeitsbeauftragte des Unternehmens.

Wann und wieso haben Sie sich in Ihrer Karriere für Nachhaltigkeit entschieden?

In meiner vorherigen Rolle als Referentin in der Unternehmenskommunikation war ich bereits Ansprechpartnerin für alles rund um Corporate Social Responsibility. Mit Verabschiedung des CSR-Richtlinie-Umsetzungsgesetzes im Jahr 2016 hat sich mein Aufgabenfeld dann erheblich erweitert: Das Thema wurde schlagartig intern und extern deutlich wichtiger und ich durfte diese Aufgabe gleich von Anfang an übernehmen.

Welche Aufgaben umfasst Ihre Rolle? Wie sieht ein typischer Arbeitstag für Sie aus?

Ich bin – seit 2020 zusammen mit einem Kollegen – für die Koordination aller Nachhaltigkeitsthemen im Unternehmen zuständig. Das beinhaltet u. a. Entwicklung der Nachhaltigkeitsstrategie, Erstellung des Nachhaltigkeitsberichts, Durchführung von internen und externen Aktionen, Beantwortung von Presseanfragen, Beratung zu Nachhaltigkeitsthemen und Stakeholderdialog. Auch das Thema Spenden wird von mir betreut. Einen typischen Arbeitstag habe ich tatsächlich nicht, da meine Rolle so viele verschiedene Aufgabenbereiche umfasst – und das schätze ich sehr!

Was würden Sie BerufseinsteigerInnen raten, wenn sie in das Nachhaltigkeitsmanagement eines Unternehmens einsteigen möchten?

Sehr wichtig ist das Networking, um erste Kontakte zu knüpfen und zu erfahren, welche Themen Unternehmen und die jeweilige Branche gerade umtreiben. Je nach Größe des Unternehmens gibt es auch sicherlich einige Veröffentlichungen zur Nachhaltigkeit, damit sollte man sich intensiv beschäftigen. Es gibt außerdem verschiedene Jobportale, die sich auf nachhaltige Berufe spezialisiert haben wie GoodJobs oder JOBVERDE. Es lohnt sich, z. B. sich dort die Anforderungsprofile anzuschauen.

Was würden Sie UmsteigerInnen raten?
Trauen Sie sich! Die Arbeit mit Nachhaltigkeitsthemen ist komplex, umfangreich, zukunftsweisend und bereichernd. Auch wenn man nicht „vom Fach" ist, gibt es verschiedene Möglichkeiten, sich umfangreich weiterzubilden. *Als wichtigste Voraussetzung sehe ich den Willen, in Wirtschaft und Gesellschaft eine nachhaltige Entwicklung vorantreiben zu wollen.*

Welches Wissen und welche Kompetenzen braucht man, um Ihren Job erfolgreich zu machen?
Es ist enorm wichtig, sich auch im Unternehmen gut zu vernetzen und Menschen für das Thema begeistern zu können. Nachhaltigkeit gewinnt rasant an Bedeutung, auch die Rechtslage ändert sich – man muss also mit Veränderungen gut umgehen und schnell darauf reagieren können. Eine große Portion Durchhaltevermögen und Durchsetzungskraft sowie strategische und konzeptionelle Kompetenzen sollte man auch mitbringen.

4.1.3 UmweltmanagerIn

Bei dem/der UmweltmanagerIn laufen die Fäden zu allen betrieblichen Umweltmanagementthemen zusammen. Er/sie verantwortet alle umweltbezogenen Themenbereiche, die je Branche und Unternehmen beispielsweise das Energie-, Emissions-, Wasser/Abwasser- und Abfallmanagement umfassen.

Mögliche Aufgaben und Verantwortungen
- Verantwortung und Definition der Umweltstrategie und materieller Themen als Teil einer übergreifenden Nachhaltigkeitsstrategie
- Definition und Koordination umweltbezogener Optimierungsprojekte bzw. Umweltschutzprojekte zur Erreichung der Umweltziele
- Aufbau, Implementierung und kontinuierliche Verbesserung eines modernen Energie- und Umweltmanagementsystems inklusive Definition, Analyse und Reporting umweltrelevanter Kennzahlen
- Integration von Umweltkriterien in Kernprozesse des Unternehmens (z. B. in den Einkauf und in die Zielvereinbarung der Führungskräfte)

- Beratung und Begleitung der Standorte hinsichtlich erforderlicher Maßnahmen und gesetzlicher Anforderungen
- Planung, Durchführung und Mitwirkung bei entsprechenden Audits, wie z. B. für ISO 14001 (Internationale Umweltmanagementnorm)
- Überwachung der Einhaltung von gesetzlichen Vorgaben, Genehmigungen und Anforderungen im Umweltbereich, z. B. Abfall- und Abwasserentsorgung
- Entwicklung und Durchführung geeigneter Maßnahmen zur Steigerung des Umweltbewusstseins im Unternehmen

Abschluss, Qualifikationen und Kompetenzen
- Abgeschlossenes Studium im Bereich Energie- und Umwelttechnik, Umweltingenieurwesen bzw. vergleichbares Studium
- Ausbildung in einem technischen oder kaufmännischen Beruf sowie eine Zusatzqualifikation zur/m Umweltmanagementsystembeauftragten mit Berufserfahrung
- Erfahrungen im Umwelt- und Nachhaltigkeitsmanagement sowie in der Anwendung von Managementmethoden und -systemen (z. B. ISO 14001, EMAS)
- Kenntnisse der einschlägigen umweltrelevanten branchenspezifischen Rechtsgrundlagen
- Fähigkeit sich konstruktiv, lösungs- und umsetzungsorientiert in neue Themengebiete einzuarbeiten
- Projektmanagementerfahrung, analytische Fähigkeiten, Präsentationssicherheit, unternehmerisches Denken und Handeln
- Zahlen- und -Prozessaffinität, analytische Fähigkeiten
- Für weitere Kompetenzen, die für alle Rollen relevant sind, siehe auch Abschn. 6.1

Interview mit Markus Herz

Umweltmanager, Allianz SE (seit Januar 2023 Senior Manager Sustainability Planning & Steering)

Zur Person: **Markus Herz** verfügt über fast 2 Jahrzehnte Erfahrung im Umweltmanagement. Nach einem Umweltstudium in London und ersten beruflichen Erfahrungen im Umweltbereich ab 2004 – in verschiedenen Branchen und Unternehmen in der britischen Hauptstadt – zog Markus Herz 2013 zurück in seine Heimat Deutschland und nahm seine Tätigkeit bei der Allianz auf. Seitdem leitete er Schlüsselinitiativen zum Umweltschutz im Unternehmen. Dazu gehörte auch die Verpflichtung der Allianz, die Treibhausgasemissionen im operativen Betrieb im Einklang mit der Klimawissenschaft zu reduzieren.

Wann und wieso haben Sie sich in Ihrer Karriere für Nachhaltigkeit entschieden?

Ich bin Berufsumsteiger und meine Karriereentscheidung für Nachhaltigkeit beruht stark auf den praktischen Erfahrungen in meinem ersten Beruf.

Während meiner Ausbildung als Koch in den 1980er-Jahren war das Thema „Nachhaltigkeit" leider ein Fremdwort und in der Praxis gab es oft trotz aller Bemühungen zu viel an Nahrungsmitteln, die im Müll landeten. Meine Lehre: Ich will etwas dafür tun, dass bestehende Prozesse in Unternehmen so nachhaltig und umweltschonend wie möglich ablaufen.

Welche Aufgaben umfasst Ihre Rolle? Wie sieht ein typischer Arbeitstag für Sie aus?

Ich bin verantwortlich für die strategische Ausrichtung im betrieblichen Umweltmanagement der Allianz Gruppe. Dazu gehört die Entwicklung von Umweltzielen, die Integration dieser Ziele in Steuerungsprozesse des Konzerns und die Zusammenarbeit mit verschiedensten Stakeholdern rund um die Entwicklung von Lösungsansätzen, um diese Ziele auch zu erreichen. Ein „typischer" Arbeitstag ist tatsächlich schwer zu definieren, aber generell findet Austausch statt mit KollegInnen aus verschiedenen Bereichen der Holding. Dazu gehören z. B. KollegInnen, die die nichtfinanzielle Berichterstattung mitverantworten, mittels der wir Transparenz schaffen rund um den Status wichtiger Umweltindikatoren. Darüber hinaus ist regelmäßiger Austausch mit KollegInnen aus unseren Ländergesellschaften wichtig, um die Umsetzung unserer Maßnahmen zum Umweltschutz, z. B. den Umstieg auf 100 % Grünstrom bis 2023, zu sichern.

Was würden Sie BerufseinsteigerInnen raten, die in das Umweltmanagement eines Unternehmens einsteigen möchten?

Wichtig ist, die Relevanz bisheriger akademischer sowie beruflicher Erfahrung (z. B. als PraktikantIn) klar auf das Unternehmen und natürlich die Rolle darzulegen. Umweltmanagerrollen als 100 %-Aufgabe sind häufig noch die Ausnahme, daher sind gerade die technischen Anforderungen der Rolle mit Sorgfalt im Bewerbungsschreiben zu beantworten. Gerade in international agierenden Unternehmen sind auch (fremd-)sprachliche Kompetenz sowie Erfahrung im interkulturellen Miteinander wichtige Fähigkeiten.

Was würden Sie UmsteigerInnen raten, die sich Richtung Umweltmanagement orientieren möchten?

„Transferable Skills" sind hier von großer Wichtigkeit und im Idealfall gibt es eine klar erläuterbare Darstellung für den Umstieg in Richtung Umweltmanagement. Interesse und Leidenschaft für das Thema sind Grundvoraussetzungen und ein relevantes, technisches Know-how (z. B. Projektmanagement, Datenanalyse etc.) ist wichtig.

Meine erste Rolle im Bereich war bei London Remade, einem kleinen Unternehmen, das für Londons Bürgermeister die grünen Aspekte einer Bewerbung für die Ausrichtung der Olympischen Spiele 2012 ermitteln sollte, inklusive der Rolle der Veranstaltungsgastronomie – mein abgeschlossenes Studium zum Umweltmanagement sowie meine berufliche Gastronomieerfahrung waren hier ausschlaggebend.

Welches Wissen und welche Kompetenzen braucht man, um Ihren Job erfolgreich zu machen?

Wichtig ist eine solide Kenntnis der gegenwärtigen Umweltprobleme und des gesellschaftlichen Diskurses dazu sowie der prinzipiellen Lösungsansätze. Das kritischste Thema für viele Unternehmen ist sicherlich der Klimawandel und ein Verständnis rund um die internationalen Bestrebungen im Rahmen des Pariser Abkommens ist wichtig, speziell in international agierenden Organisationen. Zu den Kernkompetenzen zählen strategisches Denken, kooperatives Handeln in einem internationalen Umfeld und die Fähigkeit, wichtige externe Entwicklungen im Zusammenhang mit dem Kerngeschäft des eigenen Unternehmens zu sehen und bewerten zu können.

Was macht eine/n gute/n UmweltmanagerIn aus?

In vielen Bereichen des Umweltschutzes, speziell auch beim Klimawandel, wird immer weiter nach den vielversprechendsten Lösungsansätzen ge-sucht. Das macht das Arbeitsfeld extrem dynamisch und kontinuierliches Lernen und aktives Verfolgen relevanter Entwicklungen ist ein zentraler Be-standteil der Aufgaben eines/r UmweltmanagerIn. Für mich war es be-sonders zu Beginn meiner Karriere wichtig, diese Bereitschaft zum kontinuierlichen Lernen formell darzulegen. Dies geschah im Rahmen mei-ner Mitgliedschaft im britischen „Institute for Environmental Management & Assessment (IEMA)", das z. B. durch regelmäßige Veranstaltungen und Kommunikationen rund um den betrieblichen Umweltschutz die berufliche Weiterentwicklung förderte.

4.1.4 Nachhaltiges Lieferkettenmanagement

Bei dieser Rolle an der Schnittstelle von Nachhaltigkeit, Einkauf und Supply Chain gelten Transparenz und verantwortliches Handeln als die übergeordneten Themen. Neben den ökonomischen Aspekten (z. B. Ein-kaufspreis von Waren) müssen auch Umwelt- und Sozialbelange entlang der Wertschöpfungskette eines Unternehmens betrachtet werden. Das 2021 vom Bundeskabinett beschlossene Gesetz über die unter-nehmerischen Sorgfaltspflichten in Lieferketten (auch Lieferkettensorg-faltspflichtengesetz genannt) wird dafür sorgen, dass Unternehmen zu-nehmend entsprechende Stellen aufbauen werden (zum Zeitpunkt der Überarbeitung der ersten Auflage wurde die Berichtspflicht ausgesetzt).

Folgende Aufgaben kann die Rolle enthalten
- Entwicklung und Implementierung von (digitalen) Lieferantenbe-wertungssystemen
- Analyse von Arbeitsbedingungen, Zwangsarbeit oder anderen Menschenrechtsverletzungen entlang der globalen Lieferkette sowie Entwicklung von Schulungen und konkreten Maßnahmen, um die Umwelt- und Sozialbedingungen vor Ort zu verbessern
- Bewertung der Auswirkungen von Klimarisiken in der Lieferkette, Erstellung von Analysen, welchen CO_2-Fußabdruck die Produkte ent-

lang der Lieferkette verursachen, und diesen durch Maßnahmen reduzieren

- Durchführung von Audits in Produktionsstätten vor Ort
- Beobachtung und Implementierung der gesetzlichen Vorgaben sowie Zusammenarbeit mit den Abteilungen Legal & Compliance sowie Einkauf zu Vertragsgestaltung und Haftungsfragen

Abschluss, Qualifikationen und Kompetenzen

- Abgeschlossenes betriebswirtschaftliches oder ingenieurwissenschaftliches Studium im Bereich Supply Chain Management oder idealerweise mit zusätzlichen Schwerpunkt Nachhaltigkeit
- Kenntnisse der einschlägigen branchenspezifischen Rechtsgrundlagen und zu Produktionsprozessen
- Interkulturelle Kompetenzen und Auslandserfahrung
- Fähigkeit sich konstruktiv, lösungs- und umsetzungsorientiert in neue Themengebiete einzuarbeiten
- Ausgeprägte Überzeugungs-, Kommunikations- und Präsentationsfähigkeiten
- Zahlen- und -Prozessaffinität, analytische Fähigkeiten
- Für weitere Kompetenzen, die für alle Rollen relevant sind, siehe auch Abschn. 6.1

4.1.4.1   Das LkSG und die CSDDD

Mit der Einführung des Lieferkettensorgfaltspflichtengesetzes (LkSG) in Deutschland haben sich die Anforderungen an das nachhaltige Lieferkettenmanagement stark verändert. Dies wird sich durch die Corporate Sustainability Due Diligence Directive (CSDDD) auf europäischer Ebene weiter verändern und ausweiten. Das LkSG trat am 1. Januar 2023 in Deutschland in Kraft und verpflichtet Unternehmen, menschenrechtliche und umweltbezogene Sorgfaltspflichten entlang ihrer Lieferketten zu beachten. Es gilt für Unternehmen mit mehr als 1000 Mitarbeitern und verlangt, dass diese potenzielle Risiken in ihren Lieferketten identifizieren, bewerten und Maßnahmen zur Minimierung dieser Risiken ergreifen.

Die Unternehmen müssen jährlich über die Einhaltung ihrer Sorgfaltspflichten berichten (aktuell ist die Berichtspflicht ausgesetzt bis
01.01.2026, ggf. wird das Gesetz vollständig ausgesetzt. Stand Mai 2025).
   Die Erweiterung dazu ist die CSDDD, eine umfassendere EU-
Richtlinie, die in 2024 in Kraft getreten ist. Sie wird voraussichtlich einen
ähnlichen Anwendungsbereich abdecken. Die CSDDD fordert von
Unternehmen, sowohl menschenrechtliche als auch umweltbezogene
Sorgfaltspflichten, einschließlich spezifischer Anforderungen zur Bekämpfung des Klimawandels zu berücksichtigen. Die CSDDD fordert
zudem die Erstellung eines Klimaschutzplans. Außerdem werden auch
nicht-europäische Unternehmen, die aber Produkte oder Dienstleistungen in der EU anbieten, zur Einhaltung der Sorgfaltspflichten verpflichtet werden. Verstöße können mit Bußgeldern, die sich auf den weltweiten Nettoumsatz beziehen, bestraft werden. Der erste CSDDD-Be-
richt muss für das Geschäftsjahr 2027 veröffentlicht werden von
EU-Unternehmen, die über 5000 Mitarbeiter und einen weltweiten
Jahresumsatz von 1,5 Mrd. € haben, sowie von Nicht-EU-Unternehmen,
die in der EU einen Umsatz von mehr als 1,5 Mrd. generieren. (Zum
Stand Mai 2025 befindet sich auch die CSDDD im Rahmen des
Omnibus-Verfahrens in der Überarbeitung. Der aktuelle Stand wurde
hier bereits eingearbeitet.) Die Verantwortlichkeit für die Rolle kann
bspw. im Einkauf, in den Nachhaltigkeitsabteilungen aber auch im Compliance Bereich liegen; neue Aufgaben umfassen dabei:

• Implementierung von Due-Diligence-Prozessen, um die Risiken in
  den Lieferketten aktiv zu identifizieren und Maßnahmen zur
  Risikominderung zu entwickeln und umzusetzen
• Einführen und Ergreifen von Präventions- sowie Abhilfemaßnahmen
• Verabschieden einer Grundsatzerklärung zur Einhaltung der
  Menschenrechte und Umweltstandards
• Einrichten eines Beschwerdeverfahrens, das für alle Betroffenen, so-
  wohl intern, als auch extern zugänglich sein muss
• Regelmäßige Berichterstattung und Dokumentation der Prozesse

- Im Rahmen der Regulierung müssen auch konkrete Rollen geschaffen werden, wie bspw. der/die Menschenrechtsbeauftragte oder der Menschenrechtskoordinator:
- Der Menschenrechtsbeauftragte ist in der Regel eine zentrale Figur innerhalb des Unternehmens, die für die Überwachung und Implementierung der menschenrechtlichen Sorgfaltspflichten verantwortlich ist. Die Hauptaufgaben umfassen die Überwachung der Einhaltung des Gesetzes und sowie die Berichterstattung an das BAFA.
- Der Menschenrechtskoordinator arbeitet eng mit dem Menschenrechtsbeauftragten zusammen und hat die Aufgabe, die verschiedenen Abteilungen des Unternehmens zu koordinieren, um sicherzustellen, dass menschenrechtliche Aspekte in alle relevanten Geschäftsprozesse integriert werden, sowie die Risikoüberwachung und -beurteilung der Lieferanten.

Interview mit Romy Feldmann

Sustainable Supply Chain Manager Operations, C&A Mode GmbH & Co. KG

Zur Person: **Romy Feldmann** studierte Philosophie mit einem Schwerpunkt auf Wirtschaftsethik an der TU Dresden und der Universität Hamburg. Nach dem Magisterabschluss sammelte sie zunächst Erfahrung bei einer Unternehmensberatung und stieg anschließend im Nachhaltigkeitsbereich bei Aldi ein, hier arbeitete sie schwerpunktmäßig in den Themen nachhaltiges Lieferkettenmanagement, Menschenrechte und Social Compliance. Seit 2015 arbeitet sie zu denselben Themen im operativen Management bei C&A.

Wann und wieso haben Sie sich in Ihrer Karriere an der Schnittstelle von Nachhaltigkeit und Supply Chain entschieden?
Nachhaltigkeitsthemen haben mich von klein auf interessiert. Das waren klassische Umweltthemen, wie können Dinge wiederverwertet werden oder wie verhalte ich mich, dass die Umwelt nicht zu Schaden kommt? Ich war zudem schon immer eine klassische Warum-Fragerin, weshalb ich

mich entschied, Philosophie zu studieren, dazu Geschichte und Soziologie im Nebenfach. Man lernt hier viele Methoden, um analytisch zu denken, aber auch um Prozesse steuern zu können. Ich bin früh im Studium auf die studentische Initiative SNEEP – Student Network for Ethics in Economics and Practise – gestoßen und habe mich hier sehr stark engagiert, thematisch wie im Vorstand. Parallel zu den breit gefächerten Erfahrungen im Netzwerk habe ich mich im Studium noch deutlicher auf den Bereich Wirtschaft und Wirtschaftsethik ausgerichtet. Über SNEEP bin ich dann auch auf eine Praktikumsstelle im Bereich Nachhaltige Lieferketten bei der Otto Group gestoßen. Das war der Startpunkt.

Wie sieht ein typischer Arbeitstag für Sie aus?
Diese Frage kommt auch oft von BewerberInnen in Vorstellungsgesprächen. Bei mir im Job geht es nicht um weiße Papiere, auf denen man sich strategisch etwas ausdenkt. Es geht auch nicht um Projektmanagement nach dem Motto: Ich habe jetzt dieses Projekt und kann mich 3 Tage in der Woche damit befassen. Stattdessen ist meine Realität, dass ich am Tag an 700 einzelnen Aufgaben arbeite, die hochfrequent auf meinem Tisch landen. *Ich habe immer 7 Bälle gleichzeitig in der Luft, die ich jongliere und bei denen ständig 3 rausfliegen und dafür 3 neue reinkommen.* Man könnte es aber auch so beschreiben: Meine tägliche Arbeit besteht daraus, dass ich Überzeugungsarbeit leiste, an Prozessen arbeite, Entwicklungen einfordere und hierbei die Ärmel hochkremple und wirklich anpacke.

Welche Kompetenzen braucht man, um Ihren Job erfolgreich zu machen?
In meinem Job braucht man unbedingt den Willen, Neues zu lernen. Ich kann die Lieferketten nicht besser machen, wenn ich nicht verstehe, wie die Maschinen in der Produktion funktionieren. Ich kann mich nicht mit den Menschen vor Ort austauschen, wenn ich nicht verstehe, wie sie rechnen und aus interkultureller Perspektive an Problemstellungen herangehen. Dazu kommt, dass man priorisieren und unter Druck arbeiten können muss, ohne den Fokus aus den Augen zu verlieren. Es gibt immer wieder die Situation, dass meine 2 Telefone gleichzeitig klingeln, ein Teammitglied eine Frage hat, ich eine Präsentation an den Vorstand schicken soll und in einer Fabrik in Asien ein Problem zu lösen ist. Dieser Job

hat einen hohen Stresslevel – wir winken hier nicht mit grünen Fahnen und retten so die Welt, sondern tun dies mit harter Arbeit.

Was würden Sie BerufseinsteigerInnen raten, die sich für das The-menfeld Nachhaltige Lieferkette interessieren?
Die Arbeit basiert auf den Säulen Wirtschaft, Produktion und Nachhal-tigkeit – ein solides und breit aufgestelltes Themenwissen sollte vorhan-den sein und dies sollte man sich so gut wie möglich aneignen, am besten gelingt dies durch Berufserfahrung über erste Praktika und Werk-studententätigkeit. Ob es dafür ein rein auf Nachhaltigkeit fokussiertes Studium braucht, würde ich infrage stellen. Die Zeiten der reinen Nach-haltigkeitsmanagerInnen sind vorbei. Es benötigt spezifisches Fachwissen je nach Bereich, also auch eher Betriebswirte, Ingenieure, Sozialwissen-schaftler etc., die sich mit Nachhaltigkeit in ihrem Bereich auskennen. In meiner Zeit bei SNEEP haben wir uns vielmehr dafür eingesetzt, dass Nachhaltigkeit in die klassischen Studiengänge integriert wird.

Was würden Sie UmsteigerInnen raten, die gerne in Ihren Bereich wechseln möchten?

Mein Rat wäre ein pragmatischer: Wenn Sie den Willen haben, dass sie das tun möchten, dann finden Sie auch einen Weg dort hinzukommen. Beim Themenfeld Lieferkette sind insbesondere Berufserfahrene aus den Be-reichen Einkauf und Produktion willkommen – schließlich können sie auf ihrem Fachwissen aufbauen und verstehen, wo sie anknüpfen müssen, um die Prozesse und Strukturen nachhaltiger zu gestalten. Eine große Stärke von C&A ist z. B., dass hier langjährige EinkäuferInnen und Experten für Nachhaltige Lieferketten in einem Team arbeiten.

4.1.5 Nachhaltigkeitsberichterstattung

Das Rollenprofil der Nachhaltigkeitsberichterstattung erhält gegenwärtig eine immer höhere Aufmerksamkeit. Während die Erstellung eines Nach-haltigkeitsberichts zunächst eine v. a. kommunikative Aufgabe ist, so schaffen Unternehmen vermehrt spezifische Reportingrollen mit Blick auf die deutsche CSR-Berichtspflicht (Umsetzung der seit 2017 geltenden Direktive der EU zur nichtfinanziellen Berichterstattung) und ab 2024 geltende EU-Berichtslinie zur Nachhaltigkeitsberichterstattung (Corporate Sustainability Reporting Directive).

Folgende Aufgaben kann die Aufgabe enthalten
- Koordinierung der externen und internen Nachhaltigkeitsberichterstattung des Konzerns, inklusive Leiten der Datenerfassung, – verdichtung und -berichterstattung in Zusammenarbeit mit den VertreterInnen der Fachbereiche und Unternehmensgesellschaften
- Zusammenarbeit mit anderen MitarbeiterInnen des Nachhaltigkeitsteams zur Verfeinerung aktueller und Definition neuer Kennzahlen in Übereinstimmung mit der Nachhaltigkeitsstrategie
- Überwachung der Berichterstattungsstandards und Best Practices, einschließlich des International Integrated Reporting Council (IIRC), der Global Reporting Initiative (GRI) und anderer EU-spezifischer Anforderungen
- Vorantreiben von Schulungs- und Changemanagement-Prozessen zur Verbesserung der Datenkonsistenz und -verfügbarkeit
- Mitwirkung an den Einreichungen für Nachhaltigkeitsindizes, wie z. B. den Dow Jones Sustainability Index (DJSI)

Abschluss, Qualifikationen und Kompetenzen
- Abgeschlossenes Studium mit dem Schwerpunkt Betriebswirtschaft, Umweltmanagement, Kommunikationswissenschaften, Finanzwesen/Controlling oder Nachhaltigkeitsmanagement
- Mehrjährige Berufserfahrung im Bereich Nachhaltigkeit, Datenmanagement und Reporting in Unternehmensumfeld oder im Beratungskontext
- Zahlen- und Prozessaffinität und analytische Fähigkeiten
- Ausdauer und Hartnäckigkeit bei der Beschaffung und Zusammenstellung von Nachhaltigkeitsdaten
- Für weitere Kompetenzen, die für alle Rollen relevant sind, siehe auch Abschn. 6.1

4.1.5.1 Die CSRD und ihre Auswirkungen auf das Berufsfeld der NachhaltigkeitsmanagerInnen

Durch die CSRD (Corporate Sustainability Reporting Directive) ändern sich die Anforderungen an die Nachhaltigkeitsberichterstattung wesentlich. Waren Berichte vorher für die meisten Unternehmen freiwillig, folgten freiwilligen Standards wie der GRI oder dem DNK und waren meist nicht geprüft, werden nun 3000 Unternehmen in Deutschland von der neuen Berichtspflicht betroffen sein. Für Unternehmen bedeutet das die verpflichtende Offenlegung von qualitativen und quantitativen Informationen basierend auf einer fundierten Wesentlichkeitsanalyse, die auch einen erweiterten Blick des bestehenden Risikomanagements fordert. Die ESG-Datenerhebung wird umfangreicher und muss professionalisiert werden, sodass die Daten auch der Prüfung der Wirtschaftsprüfer standhalten. (Stand Mai 2025)

Um was geht es in der CSRD und wen trifft sie:

Die CSRD ist eine EU-Richtlinie, die Unternehmen verpflichtet, umfassende und detaillierte Informationen über ihre Nachhaltigkeitspraktiken und -leistungen offenzulegen. Diese Richtlinie ersetzt die bisherige Non-Financial Reporting Directive (NFRD) und erweitert den Anwendungsbereich erheblich. Nun sind nicht nur große Unternehmen, sondern auch viele mittelständische Betriebe zur Berichterstattung verpflichtet. 10.000 Unternehmen sind in der EU von der CSRD betroffen, darunter alleine 3000 in Deutschland. Im Vergleich dazu waren in der EU nur 11.700 Unternehmen NFRD-pflichtig, von denen nur 500 Unternehmen in Deutschland sitzen.

Die Richtlinie gilt für alle Unternehmen, die zwei der folgenden drei Kriterien erfüllen:

• Bilanzsumme: über 25 Mio. €
• Nettoumsatzerlöse: über 50 Mio. €
• Mitarbeiterzahl: über 1000

Erstmalig müssen Unternehmen, die bereits unter die NFRD fallen, für das Geschäftsjahr 2024 einen Bericht veröffentlichen, für das Geschäftsjahr 2027 alle Unternehmen, die unter die oben beschriebenen Kriterien fallen, für 2028 wird die Berichtspflicht dann auf alle börsennotierten Unternehmen sowie nicht-komplexe Finanzinstitute erweitert. Die European Sustainability Reporting Standards (ESRS) bilden dazu den zentralen Bestandteil und legen die Vorgaben für die berichtspflichtigen Unternehmen klar fest. Aufgeteilt in zwei Hauptkategorien (generelle Standards und themenbezogene Standards, wie bspw. ESRS E1 Klimawandel) fordern die ESRS sowohl qualitative Datenpunkte, also narrative Informationen oder Maßnahmen, als auch quantitative Datenpunkte, wie finanzielle Kennzahlen oder Emissionsdaten.

Ein Beispiel für einen quantitativen Datenpunkt ist die Gesamtmenge der Treibhausgasemissionen (THG) in Tonnen CO2-Äquivalent pro Jahr, die unter ESRS E1 (Klimawandel) berichtet werden muss. Ein qualitativer hingegen ist beispielsweise die Beschreibung der Unternehmenspolitik zur Förderung der Diversität und Inklusion unter ESRS S1 (Eigene Belegschaft).Eine bedeutende Erneuerung der CSRD ist außerdem wie die wesentlichen Themen eines Unternehmens bestimmt werden sollen, nämlich über die sogenannte doppelte Wesentlichkeitsanalyse. Die doppelte Wesentlichkeit im Sinne der Corporate Sustainability Reporting Directive (CSRD) ist ein Konzept, das Unternehmen dazu verpflichtet, Nachhaltigkeitsthemen aus zwei Perspektiven zu bewerten: der Inside-Out-Perspektive und der Outside-In-Perspektive.Die Inside-Out-Perspektive (Impact Materiality) betrachtet, wie die Geschäftstätigkeiten des Unternehmens die Umwelt und die Gesellschaft beeinflussen. Dies umfasst beispielsweise die CO2-Emissionen, den Wasserverbrauch oder die Auswirkungen auf die lokale Gemeinschaft. Ein Thema ist aus dieser Sicht wesentlich, wenn es signifikante Auswirkungen auf die Umwelt oder die Gesellschaft hat.Die Outside-In-Perspektive (Financial Materiality) untersucht hingegen, wie Nachhaltigkeitsthemen die finanzielle Lage und die langfristige Leistungsfähigkeit des Unternehmens beeinflussen. Dies könnte Risiken und Chancen im Zusammenhang mit dem Klimawandel, regulatorische Änderungen oder Marktveränderungen umfassen. Ein Thema ist aus dieser Sicht wesentlich, wenn es die finanzielle Performance oder die Zukunftsfähigkeit des Unternehmens erheblich beeinflusst.Ein Thema gilt als wesentlich, wenn es aus einer oder beiden Perspektiven bedeutend ist. Unternehmen müssen daher sowohl die Auswirkungen ihrer Aktivitäten auf die Umwelt und Gesellschaft als auch die Auswirkungen von Nachhaltigkeitsthemen auf ihre eigene Geschäftstätigkeit berücksichtigen und darüber berichten.

Was heißt das nun für NachhaltigkeitsmanagerInnen

Mit der Einführung der CSRD verändert sich die Rolle der Reportingverantwortlichen bzw. der NachhaltigkeitsmanagerInnen grundlegend. Die CSRD bietet zahlreiche Chancen für Unternehmen und deren Mitarbeiter. Durch die CSRD müssen Unternehmen umfassend über ihre Umwelt- und sozialen Auswirkungen berichten, was zu einer erhöhten Transparenz und Vergleichbarkeit führt. Dies eröffnet Unternehmen die Möglichkeit, ihre Nachhaltigkeitsstrategien zu verbessern und sich als verantwortungsbewusste Akteure zu positionieren. Ein konkreter Vorteil ist die Identifikation von Einsparpotenzialen, beispielsweise durch die Reduktion von Energieverbrauch und Emissionen, was nicht nur die Umwelt schont, sondern auch Kosten senkt.Die Rolle des Nachhaltigkeitsmanagers wird zunehmend strategisch und analytisch geprägt. Nachhaltigkeitsmanager sind nicht mehr nur für die Einhaltung von Vorschriften zuständig, sondern spielen eine zentrale Rolle bei der Entwicklung und Umsetzung von Nachhaltigkeitsstrategien. Sie analysieren Daten, bewerten Risiken und Chancen und entwickeln Maßnahmen, um die Nachhaltigkeitsziele des Unternehmens zu erreichen. Dies erfordert ein tiefes Verständnis für sowohl ökologische als auch ökonomische Zusammenhänge und bietet Fachkräften in diesem Bereich neue Perspektiven und Karrieremöglichkeiten. Darüber hinaus fördert die CSRD die interne Zusammenarbeit und das Bewusstsein für Nachhaltigkeitsthemen im gesamten Unternehmen. Mitarbeiter entwickeln ein stärkeres Gefühl der Zugehörigkeit und Sinnhaftigkeit, wenn sie sehen, dass ihr Unternehmen sich glaubhaft für Nachhaltigkeit einsetzt. Dies kann die Motivation und das Engagement der Mitarbeiter steigern und das Unternehmen attraktiver für talentierte Fachkräfte machen.Insgesamt bietet die CSRD Unternehmen die Chance, ihre Wettbewerbsfähigkeit zu stärken, Innovationen zu fördern und langfristig erfolgreich zu sein, indem sie Nachhaltigkeit als integralen Bestandteil ihrer Geschäftsstrategie betrachten, birgt aber ebenso das Risiko, dass Unternehmen sich ausschließlich auf ihre Berichte beziehungsweise regulatorischen Verpflichtungen konzentrieren und somit das strategische Nachhaltigkeitsmanagement aus den Augen verloren wird.

Interview mit Simone Weuthen

Senior Manager Sustainability Communication, Fresenius Medical Care AG & Co. KG (seit Oktober 2024 ESG-Manager, Samsung Electronics)

Zur Person: **Simone Weuthen** ist studierte Diplom-Übersetzerin und stieg nach dem Studium an der Johannes Gutenberg-Universität Mainz im Jahr 2010 bei ALDI Süd ein. Von der Kommunikation wechselte sie intern in das Nachhaltigkeitsmanagement und bildete sich parallel über den MBA Sustainability Management an der Leuphana Universität Lüneburg weiter. Nach Abschluss des MBAs wechselte sie 2018 zu Fresenius Medical Care und verantwortete dort die Nachhaltigkeitsberichterstattung und -kommunikation.

Wann und wieso haben Sie sich für eine Karriere mit einem besonderen Fokus auf Nachhaltigkeitsreporting entschieden?
Die Nachhaltigkeitsberichterstattung vereint meine Interessen und Werte mit meinen Kompetenzen und Erfahrungen. Der Kommunikationsaspekt aus meinem sprachlichen Studium spielt im Reporting natürlich eine große Rolle. Informationen müssen authentisch und zielgruppengerecht aufbereitet werden. Gleichzeitig brenne ich für die Inhalte.

Welche Aufgaben umfasst Ihre Rolle? Wie sieht heute ein typischer Arbeitstag für Sie aus?
Das ist das Schöne an meinem Job: Einen typischen Arbeitstag gibt es bei mir nicht. Jeder Tag ist anders. Sicherlich widme ich einen erheblichen Teil meiner Zeit dem gesetzlich verpflichtenden Nichtfinanziellen Bericht. Der Bericht enthält die für unser Unternehmen wesentlichen The-

men in den Bereichen Umwelt, Arbeitnehmer, Soziales, Menschenrechte und Antikorruption. Hier verantworte ich unter anderem das jährliche Audit durch die Wirtschaftsprüfung. Zudem kümmere ich mich um die interne und externe Nachhaltigkeitskommunikation. Dazu gehört auch die Beantwortung von ESG-Ratings und nachhaltigkeitsbezogenen Stakeholderanfragen.

Welches Wissen und welche Kompetenzen braucht man, um Ihren Job erfolgreich zu machen?
Ich denke, es sind 4 Aspekte, die in meinem Job wichtig sind. Essenziell ist für mich ein strukturierter Arbeitsstil. Beim Projektmanagement rund um den Nichtfinanziellen Bericht ist es wichtig, dass man ein Auge fürs Detail hat, dabei aber stets den Überblick behält. Der zweite Aspekt sind sehr gute kommunikative Fähigkeiten in Englisch und Deutsch. Zudem sollte man Interesse an Nachhaltigkeit sowie ein gutes Verständnis der regulatorischen Anforderungen mitbringen. Und der letzte Aspekt ist die Freude daran, Themen engagiert voranzutreiben. *Nachhaltigkeitsbezogene Informationen auf globaler Ebene einzuholen, kann in großen Unternehmen auch mal herausfordernd sein. Da muss man konsequent am Ball bleiben – freundlich, aber bestimmt.*

Was würden Sie BerufseinsteigerInnen raten, wenn sie in das Nachhaltigkeitsmanagement eines Unternehmens einsteigen möchten?
Die Nachhaltigkeit ist ein sehr facettenreiches Themengebiet. Daher sollte man sich zunächst mit den Inhalten auseinandersetzen, Gespräche führen. Vor allem aber sollte man auf sein Bauchgefühl hören. *Welche Stärken und Interessen bringe ich mit und wie passt das in die Nachhaltigkeit? Die Nachhaltigkeit braucht kluge Köpfe und engagierte Persönlichkeiten.* Ich freue mich auf jede/n, die/der mit Freude und Begeisterung dabei ist.

Welche Weiterbildungen haben Ihnen auf Ihrem Weg besonders geholfen/würden Sie empfehlen?
Einen guten Instrumentenkoffer bietet der MBA in Sustainability Management der Leuphana Universität in Lüneburg. Das Studium ist sehr

praxisorientiert aufgebaut, sodass man viele Aspekte direkt im Berufsalltag umsetzen kann. Gleichzeitig trifft man viele Gleichgesinnte und kann auch nach dem Studium von einem tollen Netzwerk zehren.

Haben Sie eine besondere Situation aus Ihrem beruflichen Werdegang in Erinnerung, die zeigt, welchen Impact man haben kann, wenn man sich beruflich für Nachhaltigkeit einsetzt?
Bevor ich zu Fresenius Medical Care gekommen bin, habe ich im Bereich Social Compliance gearbeitet. Konkret ging es darum, nachhaltige Lösungen zur Verbesserung der Arbeitsbedingungen in Bekleidungsfabriken zu entwickeln. Ein wahnsinnig spannendes Thema. Es zeigt, wie wichtig es ist, seine Wertschöpfungskette zu kennen und Verantwortung zu übernehmen. Unternehmen, die heute bestehen wollen, müssen glaubwürdig unter Beweis stellen, dass sie zur positiven Entwicklung der Gesellschaft beitragen.

4.1.6 Nachhaltigkeitskommunikation

Einhergehend mit einer größeren Bedeutung von Nachhaltigkeitsmanagement möchten Unternehmen auch verstärkt über das eigene Nachhaltigkeitsengagement kommunizieren. Je nach Stellenausschreibung und Rollenprofil hat diese Kommunikationsrolle zahlreiche Anknüpfungspunkte zur Rolle der Nachhaltigkeitsberichterstattung. In manchen Unternehmen ist das Reporting Teil dieser Rolle.

Folgende Aufgaben kann die Rolle enthalten
- Verantwortung für die interne und externe Darstellung der Nachhaltigkeitsaktivitäten und Stakeholderkommunikation
- Vorbereitung, Koordination und Durchführung von Pressegesprächen und Events
- Redaktionelle Arbeit: Themenfindung und -aufbereitung für interne und externe Kommunikationskanäle
- Regelmäßiger Austausch mit Fachbereichen zu Nachhaltigkeitsprojekten und Umsetzung von dazugehörigen Kommunikationsmaßnahmen
- Unterstützung bei der Nachhaltigkeitsberichterstattung

Abschluss, Qualifikationen und Kompetenzen
- Abgeschlossenes Studium mit dem Schwerpunkt Kommunikationswissenschaften oder Journalismus
- Freude an der zielgerichteten Aufbereitung von Nachhaltigkeitsthemen und Fähigkeit, komplexe Inhalte in verständliche und relevante Botschaften zu übersetzen
- Projektleitungs- und Projektmanagementerfahrung, Kommunikations- und Überzeugungsstärke, analytische Fähigkeiten, ausgeprägte Präsentationssicherheit, unternehmerisches Denken und Handeln
- Erfahrung im Umgang mit und in der Reaktion auf Stakeholder, einschließlich, aber nicht beschränkt auf: MitarbeitInnen, Vorstand, NGOs, InvestorInnen, Gemeinden, Regierung
- Für weitere Kompetenzen, die für alle Rollen relevant sind, siehe auch Abschn. 6.1

4.1.6.1   Die Green Claims Directive

Durch die Einführung der europäischen Green Claims Directive (GCD) ändern sich auch die Anforderungen an die Nachhaltigkeitskommunikation. Diese GCD zielt darauf ab, klare und einheitliche Standards für umweltbezogene Aussagen von Unternehmen zu schaffen, sodass VerbraucherInnen eine verlässliche Orientierung haben. Unternehmen werden verpflichtet, Umweltbehauptungen durch wissenschaftliche Beweise zu untermauern, um Greenwashing zu verhindern.

Unternehmen müssen folgende Anforderungen erfüllen:

- Alle umweltbezogenen Aussagen müssen durch aktuelle, weithin anerkannte wissenschaftliche Beweise gestützt werden. Dies umfasst eine Bewertung des gesamten Lebenszyklus eines Produkts.
- Vor der Veröffentlichung von Umweltbehauptungen müssen Unternehmen ein Prüfverfahren durchlaufen, das von akkreditierten Stellen durchgeführt wird.
- Unternehmen sind verpflichtet, klar anzugeben, auf welche Aspekte ihrer Produkte sich die Behauptungen beziehen und wie diese nachgewiesen werden.

- Die Anforderungen an MitarbeiterInnen in der Nachhaltigkeitskommunikation bzw. auch im Marketing und/oder dem Produktmanagement verändern sich, da sie
- sicherstellen müssen, dass alle umweltbezogenen Aussagen den neuen Standards entsprechen. Dies erfordert eine enge Zusammenarbeit mit verschiedenen Abteilungen, um bspw. die notwendigen Belege zu sammeln und wissenschaftliche Nachweise zu erbringen.
- in der Lage sein müssen, Lebenszyklusanalysen durchzuführen und die Ergebnisse in klare, verständliche Aussagen umzuwandeln.

Interview mit Sandra Coy

Sprecherin Unternehmensverantwortung und Qualität, Tchibo GmbH

Zur Person: **Sandra Coy** studierte Amerikanistik, Soziologie und Neuere Geschichte an der Ludwig-Maximilian-Universität München und arbeitete im Anschluss als TV-Journalistin und war viele Jahre als Redakteurin und Autorin für TV und Hörfunk tätig. Im Jahr 2008 wechselte sie auf die Unternehmensseite zu Tchibo und startete dort als Chefredakteurin in der internen Kommunikation. Seit 2015 ist sie als Sprecherin Unternehmensverantwortung und Qualität für das Unternehmen tätig.

Wann und wieso haben Sie sich in Ihrer Karriere für die Schnittstelle Nachhaltigkeit und Kommunikation entschieden?
Das war ein Resultat aus internen Entwicklungen: Das Thema Nachhaltigkeit wurde im Unternehmen strategisch immer relevanter und so entschied man sich 2015, eine eigene Kommunikationsstelle im Bereich Corporate Communications zu schaffen. Da ich mich zuvor schon in der internen Kommunikation viel mit unseren Nachhaltigkeitsthemen beschäftigt hatte, freute ich mich sehr, diese Stelle übernehmen zu dürfen.

Welche Aufgaben umfasst Ihre Rolle? Wie sieht ein typischer Arbeitstag für Sie aus?

Die Aufgaben sind wahnsinnig vielfältig: der Bezug von Kaffee, Baumwolle und Holz aus nachhaltigen und fairen Quellen, die Einhaltung von Menschenrechten in der Produktion, die Schließung des Stoffkreislaufs, Plastik- und Verpackungsvermeidung und die Entwicklung von neuen Konsumformen – wie Tchibo Share. Dies alles gilt es zielgruppengerecht und unterhaltsam in diversen Kanälen (Presseinfo, Event, Podcast, Blog, Social Media) an die Stakeholder zu kommunizieren. Und natürlich stets und zeitnah Presseanfragen zu beantworten. Der Arbeitstag sieht insofern thematisch sehr unterschiedlich aus, je nachdem welches Thema gerade im Brennpunkt steht. Grundsätzlich gilt: sich einen Überblick zu verschaffen, mit den KollegInnen der Fachabteilung im ständigen Austausch zu sein, Strategien zu entwerfen und zu überlegen, wie welches Thema und für die jeweilige Zielgruppe aufbereitet werden muss.

Wie würden Sie die Rolle der Unternehmenssprecherin mit Schwerpunkt Nachhaltigkeit abgrenzen zum Nachhaltigkeitsmanagement?

Ich sehe meine Rolle klar in der Kommunikation für alle Stakeholder. Im Nachhaltigkeitsmanagement werden dagegen komplette Prozesse angefasst, etwa wie man in den Lieferketten und der Logistik CO_2 einspart.

Was würden Sie BerufseinsteigerInnen und UmsteigerInnen raten, wenn sie in die Nachhaltigkeitskommunikation eines Unternehmens einsteigen möchten?

> *BerufseinsteigerInnen würde ich raten, schon früh über Praktika in ihre Wunschjobs reinzuschnuppern. Hier gibt es vielseitige Möglichkeiten – in großen Unternehmen genauso wie in kleinen NGOs und Start-ups. Von da aus kann sich einiges entwickeln. Grundsätzlich ist es auch sinnvoll, sich privat mit dem Thema glaubwürdig zu beschäftigen.*

Welches Wissen und welche Kompetenzen braucht man, um Ihren Job erfolgreich zu machen?

Ich glaube, wir bringen es im Tchibo-Podcast „5 Tassen täglich" ganz gut auf den Punkt: Kundenrelevante aber schwierige Nachhaltigkeitsherausforderungen unterhaltsam und transparent aufzubereiten. Indem wir uns charismatische Fürsprecher suchen und das Thema humorvoll und etwas leichtgängig in Interview- und Erzählform bei vielen Tassen Kaffee an die HörerInnen bringen. Ähnliches versuchen wir über analoge und digitale Events, inklusive Ausstellungen. Es ist also sinnvoll, sich in vielen verschiedenen Medienformen auszukennen und immer wieder neue Spielwiesen zu entdecken.

4.1.7 Soziale Verantwortung

Der klassische Nachhaltigkeitsbegriff wird als Dreiklang aus Ökonomie, Ökologie und Soziales definiert. Für die Nachhaltigkeitsrolle mit Schwerpunkt Soziale Verantwortung gibt es verschiedene Begrifflichkeiten, am weitesten verbreitet sind ManagerIn Social Responsibility oder Corporate Citizenship.

Folgende Aufgaben kann die Rolle enthalten
- Entwicklung, Leitung und Umsetzung von sozialen Initiativen und Sponsoringaktivitäten
- Zusammenarbeit mit einer unternehmenseigenen Stiftung und gemeinsame Koordination des sozialen Engagements
- Konzeption, Implementierung und Steuerung des MitarbeiterInnenengagements, z. B. im Rahmen von Firmenläufen für den guten Zweck oder sogenannten Employee-Volunteering-Einsätzen
- Zusammenarbeit mit Personalabteilung zur Koordination von Maßnahmen zu Diversität und Inklusion
- Zusammenarbeit mit Verbänden, Vereinen oder anderen Nichtregierungsorganisationen
- Mitentwicklung und Implementierung von Methoden zur Wirkungsmessung für lokale und globale Initiativen
- Zusammenarbeit mit anderen MitarbeiterInnen des Nachhaltigkeitsteams zur Verfeinerung aktueller und Definition neuer Kennzahlen in Übereinstimmung mit der Nachhaltigkeitsstrategie
- Unterstützung bei der Nachhaltigkeitsberichterstattung

Abschluss, Qualifikationen und Kompetenzen
- Abgeschlossenes Studium der Betriebswirtschaftslehre oder Kommunikationswissenschaften
- Projektleitungs- und Projektmanagementerfahrung, Kommunikations- und Überzeugungsstärke
- Erfahrung im Umgang mit und in der Reaktion auf StakeholderInnen, einschließlich, aber nicht beschränkt auf: MitarbeiterInnen, Vorstand, NGOs, InvestorInnen, Gemeinden, Regierung
- Für weitere Kompetenzen, die für alle Rollen relevant sind, siehe auch Abschn. 6.1

Interview mit Claudia Görres

Referentin Corporate Citizenship, Audi AG

Zur Person: Nach ihrer Ausbildung zur Industriekauffrau bei Audi absolvierte **Claudia Görres** ein berufsbegleitendes Studium der Betriebswirtschaft an der VWA München und eine Ausbildung zur Achtsamkeitstrainerin und Meditationslehrerin. Ihr Karriereweg führte in den vergangenen 30 Jahren in verschiedene Funktionen bei dem Automobilhersteller sowie für einige Zeit in die Medienbranche. Seit 2019 koordiniert sie als Referentin bei Audi die Corporate-Citizenship-Tätigkeiten.

Wann und wieso haben Sie sich für Ihren Job entschieden?
Als mein beruflicher Weg im Jahr 1989 startete, hatte ich eine persönliche Devise: Ich wollte maximal 3–5 Jahre auf einer Stelle bleiben, um im Laufe meines Arbeitslebens so viele Tätigkeitsfelder wie möglich kennenzulernen. Nach mehr als 30 Jahren Berufserfahrung in verschiedenen Tätigkeiten suchte ich gezielt nach einer Rolle, in dem ich meine bisherige Berufs- und Lebenserfahrung sowie meine Wertvorstellungen sowohl gewinnbringend für das Unternehmen als auch sinnstiftend für mich einsetzen kann. Deshalb wechselte ich 2019 in den Bereich Corporate Citizenship. Das Umfeld, der verantwortungsvolle Tätigkeitsbereich

und die zahlreichen Gestaltungsmöglichkeiten begeistern und erfüllen mich. An meiner persönlichen Devise brauche ich nun nicht mehr festhalten.

Welche Aufgaben umfasst Ihre Rolle?
Wir nehmen bei Audi unsere gesellschaftliche Verantwortung ernst und tragen aktiv zur Verbesserung der Lebensqualität in den Standortregionen bei. Dabei stellen wir den Menschen in den Mittelpunkt, sowohl innerhalb als auch außerhalb des Unternehmens. Meine Aufgaben innerhalb von Corporate Citizenship sind vielfältig. Unter anderem gehören zu meinem Verantwortungsbereich die Betreuung und Vermittlung von freiwilligem Engagement für die Mitarbeitenden, die Weiterentwicklung und Digitalisierung der Engagementangebote, die Vernetzung von sozialen Einrichtungen mit dem Unternehmen sowie die Kreation von neuen Initiativen und Spenden.

Welches Wissen und welche Kompetenzen braucht man, um Ihren Job erfolgreich zu machen?
Als Basis sind viele Studienrichtungen geeignet und sogar wünschenswert. Im Umgang mit den unterschiedlichen Anliegen der Menschen, die an uns herangetragen werden, zählen gerade auch die wichtigen „Soft Skills": leidenschaftliches Engagement, das Verständnis und das Mitgefühl für Mitmenschen, der Wille, Themen weiterzuentwickeln, die Fähigkeit sich gut zu vernetzen und vieles mehr. Weitere Grundlage ist das Verständnis für die Arbeit in einem großen Konzern und das Zusammenspiel der unterschiedlichen Fachbereiche, und insbesondere der Mitbestimmung – und natürlich die Begeisterung für Mobilität und die Produkte des Unternehmens.

Haben Sie eine besondere Situation aus Ihrem beruflichen Werdegang in Erinnerung, die zeigt, welche Wirkung man haben kann, wenn man sich beruflich für Nachhaltigkeit einsetzt?
Als uns die erste Coronawelle mit großer Wucht traf, war die Not an vielen Stellen groß. Auch in den Standortregionen von Audi. Hier konnten wir mit den monetären Soforthilfen von Audi an vielen Stellen unterstützen. Aus unseren eigenen Beständen haben wir außerdem sofort Laptops

zur Verfügung gestellt, um gerade sozial benachteiligten SchülerInnen digitalen Unterricht von zu Hause aus zu ermöglichen. *Schnell und pragmatisch helfen zu können, wenn es nötig ist, das berührt mich selbst immer noch am meisten. Es ist eine große Erfüllung, Menschen auf ihrem Weg zu unterstützen.* Unsere Philosophie als Audi Corporate Citizenship ist es, mit all unseren Maßnahmen neue Perspektiven für eine nachhaltige, lebenswerte Zukunft zu generieren.

4.2 Weitere Rollen in anderen beruflichen Kontexten

Im Folgenden stellen wir mögliche Nachhaltigkeitsrollen in weiteren beruflichen Kontexten vor, von der Beratung über Prüfung, Stiftung, Journalismus und Politik bis hin zum Start-up. Einen Einblick in die Arbeit einer NGO bietet darüber hinaus das Interview mit Julia Selle (Abschn. 5.1.1). Die Vielfalt der Rollen steigt stetig. Wir haben uns daher entschieden, für die relevantesten Tätigkeitsfelder mittels eines Interviews einen konkreten Einblick zu geben.

4.2.1 Beratung

Interview mit Christiane Stöhr

Partnerin und Geschäftsleiterin Scholz & Friends Reputation

Zur Person: **Christiane Stöhr** leitet seit 2007 die Nachhaltigkeitsberatung Scholz & Friends Reputation. Die Diplom-Medienwissenschaftlerin war langjähriges Mitglied der Geschäftsleitung der Internetagentur Pixelpark, bevor sie als Mitglied des Vorstands zum Wagniskapitalgeber Venturepark wechselte. Seit dem 1. September 2020 ist sie Mitglied des Partnerboards von Scholz & Friends.

Wann und wieso haben Sie sich für eine Nachhaltigkeitskarriere entschieden?

Vor meiner Zeit bei Scholz & Friends arbeitete ich im Führungsteam von Pixelpark – in dieser Zeit gab es den großen Hype um Internet-Start-ups, was dazu führte, dass Pixelpark plötzlich börsennotiert war und eine Zeit lang auf dem Papier mehr wert war als die Lufthansa. Mit dem Platzen der Internetblase kam die finanzielle Schieflage. Ich fand diese Erfahrung so schwierig, dass ich für mich entschied: Ich möchte etwas tun, was mich mit mehr Sinn erfüllt. Durch Zufall stieß ich 2003 auf verschiedene Artikel über das Themenfeld Nachhaltigkeit und tat mich zusammen mit Dr. Anja Schwerk. Gemeinsam organisierten wir die erste internationale CSR-Konferenz an der Humboldt-Universität zu Berlin. Darüber kam ich an meine ersten eigenen Mandate und das war der Startschuss für meine Selbstständigkeit mit Fokus auf Nachhaltigkeit.

Wie sieht ein typischer Arbeitsalltag für Sie aus und welche Kompetenzen brauchen Sie für Ihre Rolle?

Als Geschäftsleiterin trage ich die Verantwortung für den unternehmerischen Erfolg von Scholz & Friends Reputation. Dazu gehört die Verantwortung für das Neugeschäft, aber auch die Personalverantwortung für das Team. *Entscheidend ist es, am Puls der Zeit zu sein, denn der Markt ist gegenwärtig sehr dynamisch. Welche Themen kommen, welche können und wollen wir hierbei besetzen und welche MitarbeiterInnen brauchen wir dafür?* In der konkreten Praxis bedeutet das: Angebote erstellen für Neu- und Bestandskunden, Workshops mit Kunden, Jours Fixe mit Teammitgliedern und Meetings mit dem Managementteam von Scholz & Friends.

Für diese Aufgaben brauche ich eine gute Kombination aus Management- und Führungskompetenzen sowie Fachwissen. Ich bin jemand, der gut komplexe Entwicklungen einordnen und daraus Trends ableiten kann.

Was würden Sie BerufseinsteigerInnen raten, wenn sie in die Nachhaltigkeitsberatung einsteigen möchten?

Tun Sie es! Im ersten Schritt würde ich empfehlen, einen der vielfältigen Studiengänge zu belegen, idealerweise mit einem Schwerpunkt in Betriebswirtschaft – so kann man die Prozesse bei den Unternehmen, die man später berät, auch besser nachvollziehen. Dann würde ich versuchen, so früh wie möglich über Praktika und Werkstudententätigkeiten in eine Beratung zu gehen. Das ist ein hervorragender Einstieg, da kann man durch die Einblicke in die verschiedenen Unternehmen in kurzer Zeit extrem viel lernen. Bei Scholz & Friends sorgen wir zudem dafür, dass das Team up to date ist: Sobald ein neues Thema aufkommt, erstellt ein Teammitglied dazu eine Zusammenfassung und wir nehmen uns dann im Team bewusst die Zeit – wir nennen das Deep Dive – um das Thema gemeinsam zu verstehen und zu diskutieren.

Sie beraten täglich Unternehmen auf ihrer Reise zu mehr Nachhaltigkeit – was schätzen Sie daran besonders?

Wenn wir beispielsweise ein Unternehmen davon überzeugen und dabei begleiten können, eine ganzheitliche Nachhaltigkeitsstrategie zu entwickeln und zu implementieren oder sich mit dem Thema Lieferkette zu befassen – dann habe ich das Gefühl, wir leisten als Team einen konkreten Beitrag zur nachhaltigen Transformation.

4.2.2 Prüfung

Interview mit Annette Daschner (inzwischen Annette Fink)

Senior Manager Sustainability Services, PricewaterhouseCoopers GmbH (seit Juli 2022 Director Sustainability Services)

Zur Person: Nach ihrem Fachabitur absolvierte **Annette Daschner (Fink)** eine Ausbildung zur Hotelfachfrau im Bayerischen Wald. Um ihr Englisch zu verbessern, arbeitete sie anschließend für ein Jahr in England, bevor sie Betriebswirtschaftslehre mit Schwerpunkt Finance in Deggendorf studierte. Der Masterstudiengang „European Business Consulting" führte sie nach München. Ihre praktische Masterarbeit schrieb sie 2011 zu „Integrated Reporting" bei PwC Sustainability Services, wo sie heute als Director tätig ist.

Wann und wieso haben Sie sich in Ihrer Karriere für Nachhaltigkeit entschieden?

Die ersten Gedanken zum Thema Nachhaltigkeit hatte ich während meiner Auslandsaufenthalte in England und Australien, wo ich immer wieder mit den Rückständen im Umweltschutz konfrontiert wurde. Das Thema dann beruflich aufzugreifen, konkretisierte sich erst während meines Masterstudiums. Durch verschiedene Veranstaltungen, die ich im Rahmen meiner Studienstiftung in München besucht habe, und diverse Gastvorlesungen von UnternehmensvertreterInnen, wurde ich auf die beruflichen Möglichkeiten im Bereich Umwelt- und Sozialbelange aufmerksam. Um in diese Themengebiete tiefer einzusteigen, beschäftigte ich mich in meinen Studienarbeiten mit verschiedenen Nachhaltigkeitsthemen und versuchte über Initiativbewerbungen eine praktische Masterarbeit im Bereich Nachhaltigkeitsmanagement zu schreiben, um so Fuß in diesem Berufsfeld zu fassen.

Welche Aufgaben umfasst Ihre Rolle? Wie sieht ein typischer Arbeitstag für Sie aus?

Bei PwC Sustainability Services betreue ich Prüfungs- und Beratungsprojekte rund um das Thema Nachhaltigkeitsberichterstattung. Zu meinen Mandanten gehören vor allem größere Dax-Unternehmen, aber es kommen vermehrt Klein- und mittelständische Unternehmen und Familienunternehmen hinzu.

In der Beratungswelt gibt es wohl keinen typischen Arbeitstag, da wir stark projektgetrieben sind, die sich über eine Zeitspanne von wenigen Tagen bis hin zu 1–2 Jahren ziehen können und wir dadurch auch eine entsprechende Flexibilität aufbringen müssen. Beratungsprojekte reichen von kleineren Umfeldanalysen, in denen für das Unternehmen wesentliche Nachhaltigkeitsthemen identifiziert werden, bis hin zur Implementierung von umfangreichen Nachhaltigkeitsprogrammen, die mit einer Themenanalyse starten, entsprechende Ziele, Kennzahlen und Managementansätze definieren und bis zur Konzeptionierung der Berichterstattung reichen. Ähnlich divers sind unsere Prüfungsprojekte, die die Prüfung einzelner Nachhaltigkeitsindikatoren bis hin zu umfangreichen Nachhaltigkeitsberichten bzw. Integrierten Berichten im DAX-30-Umfeld umfassen. Um die Aussagen und Kennzahlen in den Berichten zu prüfen, analysieren wir die Leistungsdaten und überprüfen die Prozesse sowohl in der Unternehmenszentrale als auch stichprobenweise in einzelnen Landesgesellschaften bzw. internationalen Werken.

Was würden Sie BerufseinsteigerInnen raten, die in die Prüfung einsteigen möchten?

Das Thema Nachhaltigkeit nimmt gerade enorm Fahrt auf und dementsprechend wächst auch der Beratungs- und Prüfungsbedarf in diesem Bereich. Die ThemenexpertInnen, die vor allem in der Beratung benötigt werden, sind aber in diesem relativ neuen Berufsfeld nach wie vor schwer zu finden. Deswegen ist es ein guter Start über die Prüfung in die Beratungswelt einzusteigen. Über die unterschiedlichen Themenfelder, Branchen und Unternehmen, in die man Einblick bekommt, sammelt man nicht nur Berufserfahrung, sondern kann auch sein Netzwerk aufbauen.

„Netzwerken" ist vor allem in der Welt der Beratungs- und Prüfungsgesellschaften ein wichtiges Handwerkszeug, mit dem man nicht früh genug anfangen kann. Gute Möglichkeiten finden sich dazu auf diversen Veranstaltungen und Fachvorträgen, die es zu Nachhaltigkeitsthemen mittlerweile in jeder größeren Stadt gibt. Generell ist auch ein Praktikum ein guter Start, um Fuß in der Beratungs- und Prüfungswelt zu fassen.

Was würden Sie UmsteigerInnen raten, die sich Richtung Nachhaltigkeit orientieren möchten?

Ähnlich wie bei StudienabsolventInnen sind auch UmsteigerInnen gut damit beraten, ihr Netzwerk im Nachhaltigkeitsumfeld auf- bzw. auszubauen. *UmsteigerInnen, die bereits eine gewisse Berufserfahrung und methodisches Handwerkszeug mitbringen und deswegen nicht mit BerufseinsteigerInnen gleichgesetzt werden wollen, sollten sich fachlich entsprechend weiterbilden.* Dazu werden mittlerweile einige Onlineseminare und Fernstudiengänge angeboten, über die man sein Fachwissen aufbauen kann. Vor allem in der Beratungswelt sollten UmsteigerInnen aber auch bereit sein, in der Einarbeitungsphase gegebenenfalls einen kleinen

„Karriereknick" in Kauf zu nehmen und sich dann aufgrund der vorangegangenen Berufserfahrung schneller auf der Karriereleiter entlang zu entwickeln.

Welches Wissen und welche Kompetenzen braucht man, um Ihren Job erfolgreich zu machen?

Neben dem Interesse und der Affinität zum Thema Nachhaltigkeit sind sowohl in der Prüfung als auch in der Beratung analytische Fähigkeiten und Zahlenaffinität wichtige Eigenschaften, die man mitbringen sollte. Zum täglichen Handwerkszeug gehören auch der Umgang mit Microsoft Office, vor allem Excel und PowerPoint, sowie fließend Englisch in Wort und Schrift. Digitale Affinität ist ein immer wichtigerer Faktor, auf den bei Einstellungsgesprächen geachtet wird. Die gängigen Nachhaltigkeitsstandards und Initiativen wie die der Global Reporting Initiative (GRI), Task Force on Climate-Related Financial Disclosures (TCFD), die Sustainable Development Goals der Vereinten Nationen (SDGs) sowie die aktuelle Gesetzgebung zur Corporate Sustainability Reporting Directive (CSRD) oder die Taxonomie der EU sollten zudem keine Unbekannten sein.

4.2.3 Start-up

Interview mit Iris Braun

Chief International Officer, share GmbH

Zur Person: **Iris Braun** studierte Volkswirtschaft in Oxford und in Harvard und arbeitete anschließend als Beraterin und Forscherin in Indien und Ruanda. Im Jahr 2017 gründete sie gemeinsam mit 3 anderen Gründern das Sozialunternehmen share. In den ersten 3 Jahren verantwortete sie als Chief Product Officer sämtliche Produktentwicklungen und Launches, seit 2020 koordiniert sie als Chief International Officer die Internationalisierung des Unternehmens.

Wann und wieso haben Sie sich für eine Karriere als Gründerin mit einem besonderen Fokus auf Nachhaltigkeit entschieden?

Es erfüllt mich mit Sinn, Menschen helfen zu können, und hilft mir, jeden Tag mit Begeisterung aufzustehen. Dass ich das am liebsten über einen unternehmerischen Weg angehe, habe ich allerdings erst über verschiedene Karrierestationen herausfinden müssen – obwohl ich bereits in der Schulzeit einen Start-up-Wettbewerb mit einem Essenslieferservice gewonnen habe.

Welche Aufgaben umfasst Ihre Rolle und wie sieht heute ein typischer Arbeitstag für Sie aus?
Ich leite bei share das internationale Geschäft. Ein typischer Arbeitsalltag besteht vor allem aus viel Kommunikation mit KundInnen, mit meinem Team und Öffentlichkeitsarbeit.

Welches Wissen und welche Kompetenzen braucht man, um Ihren Job erfolgreich zu machen?
share ist ein „People Business". Wir besitzen keine Patente, sondern unsere Aufgabe ist es, Menschen mit unterschiedlichen Hintergründen davon zu überzeugen, dass wir mit Konsum viel Gutes tun können, wenn wir ihn anders gestalten. Das geht auf verschiedenen Routen, weshalb wir ein diverses Team brauchen, wichtig sind hier auch emotionale Intelligenz und Mut zur Veränderung.

Was würden Sie anderen Menschen raten, die sich auch beruflich für mehr Nachhaltigkeit und gegen den Klimawandel einsetzen wollen?
Am besten sagt man es so vielen Leuten wie möglich. Dann fällt es auch leichter, den ersten Schritt zu gehen, oft kommen dann Möglichkeiten von selbst auf einen zu. Es hilft natürlich auch auf den Jobportalen, wie z. B. goodjobs.de oder nachhaltigejobs.de nach konkreten Angeboten Ausschau zu halten.

Welche Weiterbildungen würden Sie empfehlen?
Nicht nur, aber auch für Jobs in der Nachhaltigkeit: Rhetoriktraining, Verhandlungstraining und eine Weiterbildung zu Gruppendynamiken.

Ronald Heifetz, Gründer des Center for Public Leadership an der Harvard Kennedy School, hat zahlreiche Bücher geschrieben, wie man Gruppen von Menschen zum Wandel bewegen kann. Ob für EinsteigerInnen oder UmsteigerInnen: Reinlesen, es öffnet die Augen!

4.2.4 Politik

Interview mit Katharina Beck

Spitzenkandidatin der Hamburger GRÜNEN für die Bundestagswahl 2021 (seit September 2021 Bundestagsabgeordnete der Grünen)

Zur Person: **Katharina Beck** ist Bundestagsabgeordnete der Hamburger GRÜNEN. Bisher war sie bei den GRÜNEN ehrenamtlich als Sprecherin/Vorsitzende der Bundesarbeitsgemeinschaft Wirtschaft & Finanzen engagiert. Hauptberuflich hat sie bis Anfang 2021 als Nachhaltigkeitsberaterin von KonzernvorständInnen und Unternehmen gearbeitet und ist weiterhin als freiberufliche Beraterin, Aufsichtsrätin bei einem Sozialunternehmen und Mitgründerin von „Reinventing Society" tätig. In den ersten Jahren ihrer Karriere hat sie in NGOs zu nachhaltigem Wirtschaften gearbeitet, einen Blog und ein Unternehmen zu nachhaltigen Lebensstilen gegründet.

Wann und wieso haben Sie sich in Ihrer Karriere für Nachhaltigkeit entschieden?
Nichts anderes ergibt für mich Sinn, als meine Fähigkeiten dafür einzusetzen, dass wir mit 7, 8, 9 oder 10 Mrd. Menschen gut miteinander auf diesem Planeten leben können. Nachhaltigkeit vereint genau dies: soziale und ökonomische Entfaltungsmöglichkeiten für alle bei Einhaltung der planetaren Grenzen als Fundament. Es ist einfach logisch, nachhaltig zu wirtschaften, und es macht Spaß. Daher arbeite ich seit meinem Einstieg ins Berufsleben Ende 2007 in unterschiedlichen Rollen immer zum Thema Nachhaltigkeit.

Welche Aufgaben umfasst Ihre Rolle? Wie sieht ein typischer Arbeitstag für Sie aus?

Im Moment bin ich Kandidatin als Bundestagsabgeordnete. Den einen typischen Arbeitsalltag gibt es also nicht, vielmehr eine Reihe von typischen Aufgaben, darunter Veranstaltungen zu diversen Themen, Diskussionen mit politischen MitbewerberInnen, interne Strategie- und Wahlkampfplanung, die Erarbeitung und Vertiefung inhaltlicher Positionen, Medien- und Öffentlichkeitsarbeit – sowohl klassische Interviews als auch Social-Media-Arbeit. Ich habe auch meine eigene Talk-Reihe „Solo, selbst & ständig", in der ich mit (Solo-)Selbstständigen und KleinunternehmerInnen spreche; diese WirtschaftsakteurInnen brauchen eine viel stärkere politische Vertretung.

Ab Ende September 2021 bin ich sehr wahrscheinlich Abgeordnete im Bundestag. Dann werden ca. 21 Wochen im Jahr aus Sitzungswochen mit Ausschüssen, Plenum und diversen politischen Terminen in Berlin bestehen. Die restlichen Wochen geht es dann unter anderem um vertiefende inhaltliche Arbeit und Planung, BürgerInnendialoge in Hamburg und die strategische Vernetzung mit relevanten AkteurInnen. Parallel dazu immer die Öffentlichkeitsarbeit.

Anmerkung der Autorinnen: Katharina Beck ist ab September 2021 als Abgeordnete für BÜNDNIS 90/DIE GRÜNEN im Bundestag.

Was würden Sie BerufseinsteigerInnnen raten, die politisch aktiv werden möchten?

Politische Arbeit, die tatsächlich Gesetze ändert, geht durch das Erringen eines Mandats, und das meist über das Engagement in einer Partei. Wenn das Ziel also ist, das System selbst mitzugestalten und zu entscheiden, würde ich das Eintreten und Mitarbeiten in einer Partei empfehlen. Um KandidatIn einer Partei zu werden, ist es meist notwendig, schon ein paar Jahre in der Partei Erfahrungen gesammelt zu haben. Wenn es wichtiger ist, politische Botschaften zu platzieren und auf die politische Entscheidungsfindung von außen einzuwirken, kann man sich in einer NGO oder regional in BürgerInneninitiativen oder -vereinen engagieren.

Hauptberuflich könnten als Einstieg folgende Ideen passen: Mitarbeiterin bei Abgeordneten auf Bundes- oder Landesebene, ReferentIn in NGOs, Einstieg bei einer Politikberatung.

Was würden Sie UmsteigerInnen raten?
Das ist so pauschal gar nicht so klar zu beantworten. Wie bei jedem Karriereschritt ist es wichtig, sich zu fragen: Warum mache ich das? Was will ich bewirken? Wie passt das zu mir? Als in der Öffentlichkeit stehende PolitikerIn ist dieses innere Fundament besonders wichtig, weil es wirklich nicht immer lustig ist, welchen Kommentaren und Unterstellungen man als PolitikerIn ausgesetzt ist.

Aber es muss gar nicht die erste Reihe sein, um wirkungsvoll in der Politik arbeiten zu können. Es gibt spannende Stellen als Büroleitung, wissenschaftliche ReferentIn, WahlkampfmanagerIn, KommunikatorIn und mehr. *Wichtig ist, vorab Gespräche mit Menschen zu führen, die in der Politik arbeiten, um sich ein Bild von diesem Berufsfeld und den darin möglichen Karrierewegen zu machen.* Bildet Euer Netzwerk! Anders als in einem großen Unternehmen gibt es aber in der Politik viel weniger Planbarkeit. Das ist wichtig zu berücksichtigen, gerade wenn einem Sicherheit wichtig ist.

Welches Wissen und welche Kompetenzen braucht man, um Ihren Job erfolgreich zu machen?
In mindestens einem Politikbereich braucht man als Bundestagsabgeordnete/r tiefe inhaltliche Kompetenzen und eine gute Vernetzung mit in diesem Bereich relevanten AkteurInnen. Gleichzeitig ist es wichtig, zu vielen Themen sprechfähig zu sein, also eine gewisse Grundbildung und informiertheit mitzubringen. Eine schnelle Auffassungsgabe, methodisches Verständnis bei der Interpretation von Studien und rhetorische Fähigkeiten sind ebenfalls unerlässlich. Darüber hinaus ist innere Resilienz entscheidend. Damit zusammenhängend sind aus meiner Sicht die „4 M" einer erfolgreichen Führungskraft in der Politik besonders hilfreich: „Man muss Menschen mögen". Gerade weil einem selbst nicht immer die Sympathie entgegengebracht wird, die schön wäre, ist ein gewisser Überschuss an positivem Menschenbild und Empathie anderen gegenüber meines Erachtens essenziell.

4.2.5 Stiftung

Interview mit Julia Scheerer

Project Manager Sustainable Economics, Bertelsmann Stiftung

Zur Person: **Julia Scheerer**, geboren 1983 in Bergisch Gladbach, ist Soziologin und ausgebildete Mediatorin in Wirtschafts- und Arbeitswelt. Seit 2012 arbeitet sie als Projektmanagerin in der Bertelsmann Stiftung zu den Themen nachhaltig Wirtschaften und gesellschaftliche Verantwortung von Unternehmen. Davor war sie einige Jahre in Beratung von kleinen und mittleren Unternehmen (KMU), arbeitnehmernahen Organisationen und Akteuren der kommunalen Wirtschaft tätig.

Wann und wieso haben Sie sich in Ihrer Karriere für Nachhaltigkeit entschieden?
In gewisser Weise war Nachhaltigkeit immer ein Thema meiner persönlichen und beruflichen Entwicklung. Ich habe ab der Grundschule Reformschulen besucht. Hier gehörte Inklusion aller in den Unterricht ebenso dazu, wie der achtsame Umgang mit Ressourcen. Später im Studium habe ich viele Thesen dazu entwickelt, was aus mir mal werden könnte, und diese über Praktika oder Nebenjobs getestet. Von Fragen der globalen Gerechtigkeit – in der Entwicklungszusammenarbeit – über den Versuch, Menschen vor Ort zu motivieren, ihr Leben nachhaltiger zu gestalten – als Radiojournalistin, hin zur Beratung von HR-Abteilungen und Führungskräften zu Faktoren, die Menschen motivieren einen Job anzunehmen jenseits der fachlichen und finanziellen Anreize – in einer Personalberatung. Schlussendlich war es der richtige Zeitpunkt, all diese losen Enden unter den Fragen nachhaltiges Wirtschaften und gesellschaftliche Verantwortung von Unternehmen zusammenzuführen.

Welche Aufgaben umfasst Ihre Rolle? Wie sieht ein typischer Arbeitstag für Sie aus?
Gegenwärtig arbeite ich in einer Stiftung, also im Non-Profit-Bereich. Die Bertelsmann Stiftung ist eine operativ tätige Stiftung, das heißt wir

machen viele der Arbeiten selbst und mit Partnern. Für den Arbeitsalltag bedeutet das viel Gremien- und Abstimmungsarbeit.

Sie arbeiten im Themenfeld Nachhaltigkeit innerhalb einer Stiftung, was ist in Ihren Augen der größte Unterschied zu einer Nachhaltigkeitsrolle in einem Unternehmen?
In der Funktion als Think-Tank erarbeiten wir evidenzbasierte Studien zu den Fragen, die nachhaltiges Wirtschaften und die gesellschaftliche Verantwortung von Unternehmen bewegen. Hierbei haben wir immer EntscheidungsträgerInnen aus Wirtschaft, Politik und Wissenschaft im Blick. In der Funktion als Do-Tank unterstützen wir dabei, Innovationen in der Praxis zu testen und zu erproben. Ziel dieses Arbeitsbereichs ist es immer auch, erfolgreiche Ideen zu skalieren und den Transfer in die Welt außerhalb der Stiftungswelt zu schaffen. *Am Ende des Tages geht es bei meiner Arbeit nicht um die Frage des monetären Gewinns, sondern um gesellschaftlichen Mehrwert.* Stiftungen sind als Non-Profit-Organisationen Teil der Zivilgesellschaft, diese Organisationen werden (noch) in einem sehr geringen Maß nach dem eigenen Beitrag zu mehr Nachhaltigkeit in der Gesellschaft gefragt. Der Druck der Stakeholder auf Unternehmen, ihren Beitrag zu Nachhaltigkeit darzulegen ist, deutlich größer.

Was würden Sie BerufseinsteigerInnen raten, die sich für die Schnittstelle Stiftungen und Nachhaltigkeit interessieren?
Ich kenne zunächst keine Stiftung, die eine einzelne Person beschäftigt, das Nachhaltigkeitsmanagement einer Stiftung zu managen so wie es die NachhaltigkeitsmanagerInnenposition im Unternehmen gibt. Wer den Kern einer gemeinnützigen Organisation nachhaltig formen möchte, tut dies sicherlich sehr wirkungsvoll über die Geldanlagen, über die diese Organisationen verfügen. Entsprechend ist ein inhaltlicher Fokus auf Sustainable Finance empfehlenswert. Nachhaltigkeit hat als berufliches Betätigungsfeld in den vergangenen Jahren einen enormen Boom erlebt. Entsprechend würde ich allen Interessierten raten, sich auf 1–2 Aspekte zu spezialisieren und ein gutes Generalistenwissen aufzubauen.

Was würden Sie UmsteigerInnen raten?
Genau die eigenen Stärken und Schwächen zu prüfen. *In vergangenen beruflichen Positionen Anknüpfungspunkte an die angestrebte Tätigkeit zu*

suchen und Wissenslücken zu schließen. Das kann aus meiner Sicht auch im selbstorganisierten Studium stattfinden. Kenntnisse wie z. B. im Reporting sind heute absolut notwendig.

Welches Wissen und welche Kompetenzen braucht man, um Ihren Job erfolgreich zu machen?
Eine wissenschaftlich fundierte Ausbildung, Kommunikationsgeschick und Netzwerkarbeit. Neugier und Offenheit für Neues können nie schaden.

Was müssen erfolgreiche NachhaltigkeitsmanagerInnen können?
Viele, mit denen ich spreche, betonen die „Kaffeeverabredungskompetenz". Gemeint sind hier ein kommunikatives Wesen, Aufgeschlossenheit und Begeisterungsfähigkeit. Denn wenn auf mehrere Zehntausend Mitarbeitende 1 Person kommt, die das Nachhaltigkeitsmanagement verantwortet, dann muss diese Person in der Lage sein, die KollegInnen für Nachhaltigkeit zu begeistern und den Mehrwert im Handlungsbereich der KollegInnen herauszustellen.

4.2.6 Journalismus & Kommunikation

Interview mit Janine Steeger

Moderatorin, Speakerin, Autorin, Co-Founderin und Beirätin Futurewoman.de

Zur Person: **Janine Steeger** ist ausgebildete Journalistin mit fast 20 Jahren Fernseherfahrung. Seit 2011 beschäftigt sie sich vollumfänglich mit den Themen Nachhaltigkeit, Klima- und Umweltschutz und arbeitet in diesem Bereich als Moderatorin, Speakerin und Autorin. Sie ist außerdem gemeinsam mit den Autorinnen dieses Buches Gründerin von Futurewoman, einer Plattform, die Frauen in der Nachhaltigkeit sichtbar macht.

Wann und wieso haben Sie sich für eine Karriere mit einem besonderen Fokus auf Nachhaltigkeit entschieden?
Es begann mit einem privaten Change. Ich war schwanger, als die Fukushima-Katastrophe geschah. Ich begann Fragen zu stellen an mich selbst und habe mein ganzes Leben auf links gekrempelt, hin zu mehr Nachhaltigkeit. Irgendwann konnte ich auch beruflich nicht mehr anders und habe das Boulevardfernsehen Boulevardfernsehen sein lassen und wurde zu einer Moderatorin mit Sachverstand zum Thema Nachhaltigkeit.

Wie sieht heute ein typischer Arbeitstag für Sie aus?
Extrem unterschiedlich. Er beginnt wie bei JournalistInnen immer, mit viel Lektüre. Schon da liegt mein Fokus auf Nachhaltigkeit. Und entweder bereite ich im Homeoffice Veranstaltungen vor oder ich bin vor Ort, um zu moderieren oder Vorträge zu halten. Auch die Arbeit für Futurewoman spielt sich entweder im Homeoffice ab oder bei unseren eigenen Veranstaltungen, den Futuretalks.

Welches Wissen und welche Kompetenzen braucht man, um Ihren Job erfolgreich zu machen?
Auf der einen Seite braucht es ein Grundverständnis für die Komplexität von Nachhaltigkeit. Ich habe mir das zum einen mit einem Fernstudienkurs zum „Betrieblichen Umweltmanagement und Umweltökonomie" angeeignet. Aber jede Vorbereitung auf eine Veranstaltung und jede Veranstaltung selbst bringt neues Wissen mit sich. Und ganz viel profitiere ich aus meiner Zeit beim Boulevard. Weil ich auch einfache Fragen stelle, weil ich Sachverhalte runterbreche und sie damit nicht nur zugänglicher, sondern auch unterhaltsamer mache. Denn egal, wie wichtig das Thema ist: Bei einer langweiligen Veranstaltung schalten alle ab.

Was würden Sie anderen Menschen raten, die sich auch beruflich für mehr Nachhaltigkeit und gegen den Klimawandel einsetzen wollen?

Habt Mut. Unser Leben ist kurz. Sich für einen lebenswerten Planeten einzusetzen, ist extrem erfüllend und sinnstiftend. Aber es braucht den Mut zur Veränderung. Im Privaten und im Beruflichen. Aber Mut hat sich noch immer ausgezahlt.

Welche Weiterbildungen haben Ihnen auf Ihrem Weg besonders geholfen/würden Sie empfehlen?
Das fortwährende Gespräch mit inspirierenden Menschen. Netzwerken war früher für mich negativ behaftet. Es klang nach Klüngel, nach Vitamin B und in der Medienbranche schnell nach Besetzungscouch. *Wenn du dich aber um wirklich relevante Themen kümmerst, dann ist Netzwerken, der Austausch von Ideen und das gemeinsame Arbeiten daran das A und O.*

5

Der Wechsel zwischen Sektoren innerhalb der Nachhaltigkeit und der Umstieg in die Nachhaltigkeit

Mit der wachsenden Bedeutung von Nachhaltigkeit steigt auch die Anzahl der Karriereoptionen. So können erfahrene NachhaltigkeitsmanagerInnen mittlerweile zwischen Sektoren und Berufsfeldern wechseln. Dies bietet die Chance, sich einerseits weiterzubilden, andererseits aber auch den eigenen Karrierepfad vielfältig zu gestalten. Anhand von 2 Interviews geben wir dazu konkrete Einblicke. Im ersten Beispiel wechselte die Interviewpartnerin von einer Konzernkarriere zu einer sozialen Nichtregierungsorganisation, im zweiten Beispiel wechselte unser Interviewpartner mehrfach zwischen der Unternehmenswelt und der Hochschullandschaft.

Im zweiten Teil dieses Kapitels adressieren wir das Interesse vieler UmsteigerInnen, in die Nachhaltigkeit zu wechseln, und stellen die Frage: Wie gelingt es, beruflich neu zu starten? Wir haben uns mit 4 InterviewpartnerInnen ausgetauscht, um zu verstehen, welche Herausforderungen und Chancen der Umstieg mit sich bringt und was ihre Empfehlungen sind.

© Der/die Autor(en), exklusiv lizenziert an Springer-Verlag GmbH, DE, ein Teil von
Springer Nature 2025
S. Juretzek, S. Broschat, *Nachhaltige Karriere – mit dem richtigen Job die Welt
verändern*, https://doi.org/10.1007/978-3-662-71087-6_5

5.1   Der Wechsel zwischen Sektoren

Das Spektrum nachhaltiger Rollen ist mittlerweile so groß, dass für erfahrene NachhaltigkeitsmanagerInnen auch ein Wechsel zwischen den Sektoren spannend und bereichernd sein kann. Exemplarisch stellen wir hier 2 Wechselvarianten vor: Das Interview mit Julia Selle (siehe Abschn. 5.1.1) beleuchtet den Wechsel von der Unternehmens- auf die NGO-Seite, im Interview mit Prof. Dr. Holger Hoppe (siehe Abschn. 5.1.2) erfahren wir mehr über die Chancen und Herausforderungen eines Wechsels zwischen Unternehmen und Wissenschaft. Darüber hinaus sind weitere Sektoren offen, hierzu lohnt sich ein Blick in den Abschn. 4.2.

5.1.1 Vom Unternehmen zu einer NGO

Interview mit Julia Selle

Niederlassungsleiterin Büro Düsseldorf, SOS Kinderdörfer weltweit (seit August 2022 Geschäftsführerin der Stiftung Hilfe mit Plan)

Zur Person: **Julia Selle** studierte Kommunikationswissenschaften und Marketing an der Universität Essen. Nach mehrjähriger Tätigkeit in der Metro AG, in der sie das internationale Corporate Citizenship des Handelskonzerns aufbaute und verantwortete, wechselte sie zu den SOS-Kinderdörfern weltweit und leitete dort die Niederlassung in Düsseldorf. Nebenberuflich erwarb sie 2019 den MBA Sustainability Management an der Leuphana Universität Lüneburg.

Wann und wieso haben Sie sich für einen Wechsel von einem Großunternehmen zu einer Non-Profit-Organisation entschieden?
Im Rahmen meiner Tätigkeit für den Handelskonzern Metro durfte ich als Verantwortliche die globale Corporate-Citizenship-Strategie entwickeln und Kooperationen mit internationalen Non-Profit-Organisationen

abschließen. Dazu gehörte auch die Koordination der Flüchtlingshilfe des Konzerns im Jahr 2015, in deren Rahmen ich ein umfangreiches europaweites Volunteering-Programm aufgesetzt habe. Diese Erfahrungen machten mir so viel Spaß, dass ich mich entschloss, die Seite zu wechseln – seit 2018 bin ich für die SOS-Kinderdörfer tätig. *Ich arbeite nun in flachen Hierarchien und in der Belegschaft ist die intrinsische Motivation besonders stark ausgeprägt – das mag ich sehr.*

Was waren aus heutiger Perspektive die größten Herausforderungen des Wechsels?
Die größte Herausforderung war es, die Entscheidung zu treffen, den Schritt von „For-Profit" hin zu „Non-Profit" mit allen Konsequenzen zu gehen. Nachdem ich das für mich entschieden hatte, war der Start bei SOS-Kinderdörfern leichter als erwartet – auch wenn die Einarbeitung viel Kraft gekostet hat, weil alles neu für mich war. Gleichzeitig hat es mir von Anfang an unglaublich viel Freude bereitet.

> *Auf NGO- und auch auf Unternehmensseite gibt es oftmals Bedenken, Personen von der anderen Seite einzustellen – doch das ist völlig unberechtigt. Natürlich ist jemand, der sein komplettes Arbeitsleben in einer NGO verbracht hat, ein anderer Typ als jemand, der eine klassische Konzernkarriere hinter sich hat. Aber beide Seiten können enorm viel voneinander lernen.*

Was würden Sie BerufsumsteigerInnen raten, wenn diese in das Nachhaltigkeitsmanagement wechseln möchten?
Aus meiner Sicht sind hier 2 Aspekte ganz wichtig: *Sei beharrlich und baue dir Netzwerke auf.* In meinem MBA-Studium sagte Professor Schaltegger in der Einführungsveranstaltung wortwörtlich: „Als Change Agents für Nachhaltigkeit brauchen Sie einen langen Atem." Er prophezeite, dass es als Treiber für Veränderungsprozesse im Unternehmen nicht immer leicht sei – Überzeugungs- und Aufklärungsarbeit muss geleistet, viele Schnittstellen bedient und Rückschläge verarbeitet werden. Oft dauert es, bis die Zeit für ein Thema reif und die richtige Lösung gefunden ist. Diese Beharrlichkeit, die man als Sustainability ManagerIn an

den Tag legen muss, die gilt es auch im Vorfeld zu zeigen. Will ich in dem Unternehmen, in dem ich arbeite, Nachhaltigkeit voranbringen, brauche ich die richtigen Argumente und den Zugang zu Vorgesetzten. Einige meiner KommilitonInnen sind so an ihre heutigen Positionen gekommen. Beharrlich setzen sie das Thema immer wieder auf die Agenda.

5.1.2 Vom Unternehmen in die Wissenschaft

Interview mit Prof. Dr. Holger Hoppe

Professor für Nachhaltigkeits- und Umweltmanagement, Technische Hochschule Ingolstadt

Zur Person: **Holger Hoppe** kommt aus einem kleinen, landwirtschaftlich geprägten Dorf. Das gab ihm den Bezug zur Umwelt mit, es war klar, er würde etwas in Richtung Umwelt studieren. Um es mit etwas „Vernünftigem" zu kombinieren, hat er Wirtschaftsingenieurwesen in Dresden studiert, u. a. mit Fokus auf Abfallwirtschaft, Abwasserwirtschaft sowie betrieblicher Umweltökonomie und Controlling. Parallel zum Studium hat er eine Berufsausbildung zum Landwirt absolviert. Nach dem Studium blieb er als wissenschaftlicher Mitarbeiter an der Universität und entschied sich, nach der Promotion für den Weg in die Unternehmenswelt. Er war ab 2009 bei SCHOTT Solar, Linde MH und zuletzt bei der KION Group als „Senior Director Sustainability Management" tätig. Als „Professor für Nachhaltigkeits- und Umweltmanagement" hat es ihn in 2020 an die Technische Hochschule Ingolstadt gezogen.

Warum haben Sie sich nach dem Studium erst mal für die Uni entschieden? Herr Hoppe, erzählen Sie uns etwas zu Ihrem persönlichen Werdegang

Nach dem Studium war ich noch nicht direkt bereit, ins Unternehmen zu gehen und zu sagen: „Das ist es jetzt." Die Perspektive, an der Universität über die Promotion und Forschungsprojekte tiefer in das Thema Nachhaltigkeit einzusteigen, hat mich gereizt. Während der Promotion war ich als Gastwissenschaftler für ein halbes Jahr in den USA. Erst nach dieser Zeit war klar, jetzt willst du in die Praxis und mit den erworbenen Kompetenzen selbst etwas umsetzen.

Ich habe mich bewusst für eine Fachkarriere im Bereich Nachhaltigkeit entschieden. Und bin in ein Solarunternehmen gegangen mit der Aufgabe, das Nachhaltigkeitsmanagement aufzubauen. Das Visionäre, Zukunftszugewandte der Branche hat mir sehr viel Perspektive gegeben. Ein Key Learning aus dieser Zeit ist, dass die Umwelt- und Arbeitssicherheitsmanagementsysteme, für welche ich im Unternehmen dann Verantwortung getragen habe, in der Ausbildung zu kurz gekommen sind. Dabei bilden sie eine solide Grundlage für das unternehmerische Nachhaltigkeitsmanagement, die praktisch jedes Unternehmen hat. Daher empfehle ich jedem, der in dem Bereich tätig werden möchte, sich auch in diese Richtung zu fokussieren, damit hat man sehr viele Anknüpfungspunkte in der Praxis.

Mein nächster Karriereschritt, aufgrund der wirtschaftlichen Entwicklung der gesamten Solarbranche in der Tat auch etwas von außen motiviert, führte mich dann in den Maschinenbau. Ich übernahm bei Linde Material Handling (Linde MH) die Aufgabe des Leiters Nachhaltigkeitsmanagement. Hier ging es darum, das Thema systematisch aufzubauen. Für die Branche war die Materie damals noch recht neu und eine steigende Relevanz im Unternehmen, der Wettbewerb und vor allem sich verstärkte Kundenanforderungen prägten den Bedarf zum Aufbau eines Nachhaltigkeitsmanagements. Daher erzähle ich auch gern, dass Ecovadis, ein Bewertungssystem für Nachhaltigkeit in der Lieferkette, welches sich in dieser Zeit etablierte und Ausdruck der Kundenanforderungen war, quasi meine damalige Stelle geschaffen hat.

Im nächsten Schritt übernahm ich, parallel zu meiner Verantwortung bei Linde MH, die Leitung des Nachhaltigkeitsmanagements für den Konzern, die KION Group. Hier hatte ich auf der Ebene eines M-Dax-Konzerns noch einmal größere Aufgaben, aber auch Gestaltungsspielräume. Insbesondere die Kapitalmarktrelevanz und internationale, konzernübergreifende Ausrichtung waren prägend für meine Aufgaben. In den nächsten Jahren ging es darum, in den Fachbereichen und in den unterschiedlichen geografischen Unternehmensteilen die notwendige Nachhaltigkeitsstruktur und -organisation aufzubauen und ein umfassendes Managementsystem zu etablieren. Diese mündete dann auch in positiven Ratingergebnissen. Das Tolle an dieser Möglichkeit war es, etwas bewegen zu können. Es ist sehr bereichernd, wenn man aktiv zur Aufstellung von Zielen und Maßnahmen beiträgt und diese dann auch noch erreicht bzw. umgesetzt werden und alles zu mehr Nachhaltigkeit im Unternehmen und ein Stück weit auch für unsere Gesellschaft führt.

Durch Zufall bin ich 2020 dann auf die Ausschreibung für die Gründungsprofessur Nachhaltigkeits- und Umweltmanagement in Ingolstadt gestoßen. Auch in der Praxis war ich immer nah an der Wissenschaft drangeblieben. Der Plan „Professur", das war allerdings eher einer für später. Nichtsdestotrotz habe ich mich dann, eher aus Interesse am Prozess, beworben. Als es dann konkret wurde und ich – für mich selber überraschend – den Ruf erhalten habe, musste ich mich erst einmal ganz intensiv damit auseinandersetzen, ob es der richtige Moment für den Weg an die Hochschule ist. Letztlich hat der Reiz, Teil des Teams zu sein, das einen neuen Hochschulstandort in Neuburg an der Donau mit dem Kernelement Nachhaltigkeit und dazu gehörend einem Studiengang für Nachhaltigkeits- und Umweltmanagement aufbauen kann, überwogen. Wichtig ist mir dabei, das vorhandene Wissen weiterzugeben und hierfür auch weiterhin nah an der Praxis zu bleiben.

Gab es Herausforderungen bei dem Wechsel?
Beruflich fiel mir der Wechsel nicht schwer, durch die Rolle als Gründungsprofessor ist er durch eine starke Aufbruchsstimmung geprägt. Die Anforderung einer Hochschule für angewandte Wissenschaft ist es, dass man neben der wissenschaftlichen Qualifikation solide Praxiserfahrungen (mindestens 3 Jahre) mitbringt, um eine anwendungsorientierte Lehre und Forschung zu realisieren. Der Start in den Lehrbetrieb ging dabei einfacher als erwartet – dank und trotz der coronabedingten Digitalisierung. Die größte Umstellung liegt eher im privaten Bereich. Durch die Veränderung bringt man Unruhe in einem etablierten Zustand für die gesamte Familie, Wohnungsort und das soziale Umfeld verändern sich. Das ist die größte Herausforderung an dem Ganzen.

Wie sieht ein typischer Arbeitsalltag für Sie aus?
Aktuell geht es erst einmal darum, den neuen Studiengang und die zukünftige Fakultät am Standort aufzubauen. Das ist eine Schwerpunktauf-

gabe. Hier geht es konkret um die Konzeption und die Inhalte für den Studiengang „Nachhaltigkeits- und Umweltmanagement" aber auch um Fragen, welche Kompetenzen und Lehrgebiete in Zukunft benötigt werden. Parallel dazu gilt es die Repräsentation und Vernetzung in der Region voranzutreiben, um den Standort bekannt zu machen und für Lehre und Forschung relevante Praxisbeziehungen aufzubauen. Das dritte, eigentlich ja das erste Thema ist der Lehrbetrieb. Meine Hauptaufgabe als Hochschullehrer ist die Lehre und daher bin von Anfang an vollständig in den Lehrbetrieb eingebunden. Dabei unterrichte ich auch nicht nur nachhaltigkeitsbezogene Themen, sondern auch solche aus meiner wissenschaftlichen Ausbildung, wie z. B. Kostenrechnung. Die Neugestaltung von Kursen ist zeit- und energieintensiv und das sogenannte Lehrdeputat (Anzahl an Stunden) recht hoch. Als weitere Aufgabe kommt auch noch hinzu, dass man den Kontakt zur Praxis behält. Das bringt direkt einen Mehrwert für die Lehre und Forschung. Ganz wesentlich ist bei all diesen Aufgaben, dass man als HochschullehrerIn sehr hohe Freiheitsgrade besitzt, was die Inhalte betrifft und in welchem Themengebiet man Schwerpunkte setzt und seine Zeit und Energie investiert.

Wenn ich einen normalen Arbeitstag habe, dann ist es wie beispielsweise heute. Ich bin erst einmal nach Neuburg gefahren, dann habe ich eine Onlinelehrveranstaltung abgehalten. Anschließend hatte ich eine Reihe von Terminen und eine Prüfungseinsicht. Jetzt telefonieren wir und heute Abend gibt es noch eine Veranstaltung mit der Zielsetzung zu einer zukünftigen Vernetzung im Bereich der Lehre.

Wie ist aus Ihrer Sicht der Vergleich zur klassischen Universitätsprofessur?
Einen Karriereweg als Professor an einer Universität hätte ich eher einschlagen müssen und direkt nach der Promotion dranbleiben müssen. In meinem Umfeld konnte ich auch am Beispiel von KollegInnen, die ihn eingeschlagen haben, sehen, wie mühsam und steinig er ist. Ich bin froh, dass ich mich für eine Tätigkeit in der Industrie entschieden habe und dabei die Möglichkeit hatte, in verschiedenen Unternehmen Nachhaltigkeitsmanagementsysteme zu etablieren, zu leiten und weiterzuentwickeln. So habe ich sehr viel dazugelernt, nicht nur fachlich. Daher möchte ich die These aufstellen, dass ein Großteil des relevanten Wissens

um Nachhaltigkeitsmanagement in Unternehmen entsteht. Sie wissen, wo die Motivation herkommt, müssen es umsetzen und die ganze praktische Übersetzungsarbeit leisten. Den Aufwand, der notwendig ist, um die Theorie zu realisieren, das kann man nur in den Unternehmen erleben. Hier sind die wahren SpezialistInnen zu dem Thema.

Was würden Sie BerufsumsteigerInnen mitgeben, die sich weg von der Praxis hin zur Wissenschaft orientieren möchten. Gibt es da Tipps? Es gibt natürlich einen recht engen Filter, man muss erst einmal promoviert sein, das ist meist eine Voraussetzung.

> „Wenn man dann das Fachliche mitbringt, eine solide Ausbildung und die Praxiserfahrung hat, dann sind eigentlich alle Voraussetzungen gegeben. Alles andere, selbst die Lehrqualifikation, die Didaktik, das kann man sich aneignen"

Auch das Thema Forschung spielt an der Hochschule gar nicht so rein. Es ist eher die Kombination von allem und insbesondere die mentale Bereitschaft. Eine Herausforderung, die man nicht unterschätzen darf, ist der Umgang mit den Studierenden. Es ist eine eigene Klientel, die teilweise sehr fordernd sein kann. Man muss Spaß haben, etwas weiterzugeben, zu erklären und auch geduldig sein. Wenn man das noch nie gemacht hat, wäre ich vorsichtig, diesen Weg einzuschlagen, denn es liegen ja schon einige Semester vor einem. Mit einem Einstieg würde ich auch grundsätzlich warten, bis man eine gewisse Reife erreicht, Sachen ausprobiert und Erfahrung gesammelt hat. Das ist von Vorteil für einen selbst und auch die Studierenden.

5.2 Beruflicher Neustart – auf Nachhaltigkeit umsatteln

Wie gelingt es beruflich neu zu starten? Mehr und mehr Menschen interessieren sich für eine Karriere in der Nachhaltigkeit, denken um und möchten sich auch im täglichen Beruf für die Transformation einsetzen. Das reflektiert sich auch in den Anfragen, die die Autorinnen als erfahrene NachhaltigkeitsmanagerInnen von interessierten UmsteigerInnen bekommen, welche Orientierung suchen.

Was kann man nun konkret tun? Aus unserer Sicht kann sich jede/r umorientieren und in einer nachhaltigen Rolle weiterentwickeln. Wichtig für den ersten Schritt ist der Wille, aber letztlich werden die Fachkenntnisse entscheidend sein. Idealerweise bezieht man dabei die fachlichen Vorkenntnisse mit ein und baut auf diesen auf. Als LieferkettenmanagerIn kann ich mich zu sozialen und ökologischen Standards im Bereich weiterbilden, als KommunikatorIn meine Fähigkeiten nutzen, um die Nachhaltigkeitsaktivitäten des Unternehmens zu kommunizieren, als BilanzbuchhalterIn kann ich mich rund um das Thema nichtfinanzielle Berichterstattung und Steuerung weiterentwickeln. Auch branchenspezifisches Wissen und die Vernetzung im eigenen Unternehmen sind wertvoll und sollten nicht außer Acht gelassen werden. Und auch wenn es einer völligen Neuorientierung bedarf, finden sich Wege, wie die folgenden Interviews zeigen.

5.2.1 Karrierestart in einem Unternehmen – Masterstudium in Vollzeit – Sustainability Consultant mit Schwerpunkt Klimaschutz

Interview mit Katrin Huth

Sustainability Consultant, ClimatePartner GmbH (seit Dezember 2023 Manager Sustainability and Climate Change, PWC Singapore)

Zur Person: **Katrin Huths** Karriereweg startete 2012 mit einem dualen Studium der Betriebswirtschaftslehre und einer Ausbildung zur Industriekauffrau bei der Siemens AG. Im Anschluss daran arbeitete sie bei Siemens erst als Project Controllerin im Bereich Research & Development und dann als Global Category Manager im Strategischen Einkauf. 2017 entschied sie sich für ein Masterstudium in Sustainable Resource Management, um ihrem großen Interesse an Nachhaltigkeit und Klimaschutz zu folgen. Seit 2020 war sie bei ClimatePartner als Sustainability Consultant tätig.

Wann und wieso haben Sie sich für einen Wechsel in die Nachhaltigkeit entschieden?

Der Wunsch mit meinem Beruf etwas zu verändern, begleitete mich seit Beginn meines Bachelorstudiums. Ich stellte fest, dass Unternehmen durch ihre Aktivitäten eine relevante Rolle in der Entwicklung von Nachhaltigkeit und Klimaschutz spielen können. Mein Antrieb? Ich wollte mich „nicht nur" mit dem wirtschaftlichen Erfolg einer Organisation befassen, sondern mit einem umfassenden Erfolg, von dem Umwelt, Menschen und das Unternehmen profitieren können.

Wie ist Ihnen der Wechsel in die Nachhaltigkeit gelungen?

Ich habe damals meinen sicheren Job bei der Siemens AG nach 5 Jahren gekündigt und mich für ein Masterstudium in Vollzeit entschieden. Dies war ein sehr bewusster Entschluss – ich wollte tiefer in die Themen Nachhaltigkeit und Klimaschutz einsteigen, um so in einem späteren Job fundierte Kenntnisse und Fachwissen einzubringen.

Wo lagen die Herausforderungen für den Umstieg?

Die größte Hürde war sicherlich, die gewonnene finanzielle Sicherheit und persönlichen Entwicklungsmöglichkeiten im Beruf aufzugeben. Zudem waren die Einstiegsmöglichkeiten 2017 im Bereich Nachhaltigkeit und Klimaschutz noch begrenzt. Dies hat mich nicht abgehalten und heute stelle ich fest, dass es richtig war, meiner Überzeugung und intrinsischen Motivation zu folgen.

Wie sieht heute ein typischer Arbeitstag für Sie aus?

Federführend begleite ich Unternehmen bei der Entwicklung von Klimaschutzstrategien. Dies umfasst u. a. das Identifizieren relevanter Handlungsfelder und Handlungsalternativen und deren Umweltauswirkungen sowie das Setzen klarer Klimaziele und Roadmaps, um diese auch zu erreichen. Hierbei analysiere ich u. a. Carbon Footprints, führe Workshops mit Kunden durch, in denen wir die Strategie entwickeln oder unterstütze Kunden bei ihrem Environmental-, Social-, Governance- (ESG-) Reporting. Einen „typischen" Arbeitstag gibt es nicht, da die Fragestellungen von Kunde zu Kunde und Industrie zu Industrie unterschiedlich sind und Klimaschutz für zahlreiche Organisationen ein grundsätzlich neues Thema ist.

Was würden Sie BerufsumsteigerInnen raten, wenn sie in das Nachhaltigkeitsmanagement wechseln möchte?

Den Mut zu haben, einer persönlichen Motivation zu folgen! Nachhaltigkeit und Klimaschutz werden immer mehr in den Fokus rücken und sind deshalb ganz klar ein Berufsfeld mit Zukunft. Nebenbei kann man die Erfahrungen aus vorigen Berufen stets einbringen, denn es gilt bestehende Prozesse und Produkte so zu transformieren, dass diese „besser" werden oder sie komplett neu zu denken. Dafür ist es super, wenn man sich in den klassischen Berufsfeldern auskennt und um die Herausforderungen weiß, die sich in dieser Transformation ergeben.

5.2.2 Karrierestart in einem Unternehmen – MBA-Studium in Vollzeit – Nachhaltigkeitsmanagerin in einem Unternehmen

Interview mit Julia Drefahl

Referentin Nachhaltigkeitsmanagement und Kommunikation, Sparda-Bank München eG (seit Oktober 2022 Nachhaltigkeitsmanagerin, Tengelmann Twenty-One KG)

Zur Person: Mit einem Studienhintergrund in International Business und Marketing hat **Julia Drefahl** zunächst einige Jahre Berufserfahrung im Strategie- und Kommunikationsbereich in einem Versicherungskonzern gesammelt. Durch einen MBA im Sustainability Management und ein Praktikum konnte sie sich für einen Job im Nachhaltigkeitsbereich qualifizieren und war seit 2019 Nachhaltigkeitsmanagerin bei der Sparda-Bank München.

Wann und wieso haben Sie sich für einen Wechsel in die Nachhaltigkeit entschieden?

Nach ca. 5 Jahren im Berufsleben in der Unternehmenskommunikation und im Strategiebereich eines Finanzunternehmens hat mir die konkrete Perspektive in meinem Job gefehlt. In meiner Masterarbeit hatte ich mich bereits mit Nachhaltigkeit beschäftigt und auch privat das Thema kontinuierlich weiterverfolgt. Irgendwann waren das Interesse und der Wunsch dann so groß, hier auch meinen beruflichen Schwerpunkt darauf zu legen. Das Themengebiet ist so wahnsinnig vielfältig, spannend und wichtig – es gibt jede Menge zu tun und ich wollte unbedingt einen Teil zur Umsetzung beitragen.

Wie haben Sie den Wechsel geschafft?

Ich habe mich mit einigen NachhaltigkeitsmanagerInnen über die Anforderungen im Job und deren Werdegänge ausgetauscht – danach stand für mich fest, dass ich mich im Nachhaltigkeitsbereich weiterbilden wollte. Dafür habe ich meinen festen Job gekündigt, einige Monate in Vollzeit einen MBA im Nachhaltigkeitsmanagement studiert und dann während eines Praktikums bei der Allianz SE im Nachhaltigkeitsbereich gleichzeitig praktische Erfahrungen gesammelt. *Das, was sich – mit Anfang 30 – im ersten Moment vielleicht nach einem kurzfristigen „Karriererückschritt" anhört, war für mich der Türöffner in die Nachhaltigkeitswelt, den ich keine Sekunde bereut habe.*

Wo lagen die Herausforderungen des Wechsels?

Nach der Kündigung meines Jobs hatte ich mich parallel zum Start des Studiums in verschiedenen Unternehmen für einen Einstieg im Nachhaltigkeitsbereich beworben, aber feststellen müssen, dass allein die richtige Motivationslage für einen solchen Job nicht ausreicht – der Mangel an Erfahrung in diesem Themengebiet war zunächst ein Hindernis. Das sah erfreulicherweise nach der Zeit bei der Allianz und dem absolvierten MBA ganz anders aus.

Welche Aufgaben umfasst Ihre Rolle? Wie sieht ein typischer Arbeitstag für Sie aus?
Aktuell arbeite ich als Nachhaltigkeitsreferentin bei der Sparda-Bank München, Deutschlands erster Gemeinwohlbank, und bin als einzige Person für die operative Umsetzung des Nachhaltigkeitsmanagements zuständig. Mein Aufgabengebiet ist sehr weitläufig und umfasst u. a. die Berichterstellung, die interne und externe Kommunikation, regulatorische Themen, aber auch weitere Projekte, wie z. B. die Einführung der Sustainable Development Goals in der Bank. Mein typischer Arbeitstag ist eine Mischung aus Vorbereitung und Ausarbeitung von Themen, internen und externen Terminen sowie einem intensiven Austausch mit diversen Abteilungen im Haus – insgesamt sehr abwechslungsreich, kommunikativ und herausfordernd.

Was würden Sie BerufsumsteigerInnen raten, die in das Nachhaltigkeitsmanagement wechseln möchten?

Ich würde jedem empfehlen, sich im Vorfeld gut über Jobmöglichkeiten, -anforderungen und Weiterbildungsmöglichkeiten zu erkundigen und mit Menschen zu sprechen, die diesen Weg bereits gegangen sind. Wenn der Wunsch auf einen Wechsel besteht, kann ich nur jedem raten: Trau dich! Es warten so viele interessante und herausfordernde Aufgaben in diesem Bereich darauf, umgesetzt zu werden, und es braucht noch mehr Menschen mit guten Ideen, Enthusiasmus, Mut und Tatendrang.

Welche Weiterbildungen würden Sie empfehlen?
Der MBA „Sustainability Management" an der Leuphana Universität in Lüneburg, der als Fernstudium in Voll- und Teilzeit möglich ist, war eine großartige Gelegenheit, mich fachlich zu qualifizieren, persönlich weiterzuentwickeln und von einem großen Netzwerk an NachhaltigkeitsexpertInnen zu profitieren. Dieses bzw. ein solches Aufbaustudium gibt die Möglichkeit, tiefer gehend in die Nachhaltigkeitsmaterie einzutauchen und eine gute Grundlage zu schaffen, auf der man in der Praxis aufbauen kann.

5.2.3 Karrierestart im öffentlichen Dienst – berufsbegleitendes MBA-Studium – Quereinstieg als Projektmanager in ein Social-Start-up

Interview mit Dominique Breuer

Projektkoordinator Schmidt trifft Schmidtchen, Verein zur Förderung der sozialen Kreativität e. V. (seit Januar 2022 Sustainability Manager bei OMR)

Zur Person: **Dominique Breuer** ist ehemaliger Polizeibeamter auf Lebenszeit und durfte im Wach- und Wechseldienst eine Vielfalt an Einsätzen bewältigen und vom Leben fürs Leben lernen. Nach 8 Jahren Polizeidienst fasste er den Entschluss, die einengenden Behördenstrukturen zu verlassen. Eine Weltreise später entschloss er sich, sich beruflich mit Nachhaltigkeit zu befassen und im Social Entrepreneurship tätig zu werden. Er studierte an der Leuphana Universität Lüneburg den MBA Sustainability Management.

Wann und wieso haben Sie sich für einen Wechsel in die Nachhaltigkeit entschieden?
Rückblickend war es für mich wohl schon immer bewusst oder unbewusst wichtig, in meinem Beruf sinnvoll und wirksam tätig sein zu können. Nach meinem Polizeidienst war mir allerdings noch unklar, wohin meine weiteren Schritte mich führen würden. Während meiner Weltreise spürte ich dann aber schließlich das Verlangen, mit professioneller Expertise einen Beitrag zu einer nachhaltigeren Welt leisten zu wollen.

Wie haben Sie den Wechsel geschafft?
Um im Bereich Nachhaltigkeit und Social Entrepreneurship Fuß zu fassen, wollte ich mich einerseits weiterbilden und andererseits Berufserfahrung sammeln, bestenfalls gleichzeitig. Daher entschied ich mich für den berufsbegleitenden Fernstudiengang MBA Sustainability Management an der Leuphana Universität in Lüneburg und arbeitete währenddessen im Quereinstieg als Projektmanager in einem Start-up.

Wo lagen die Herausforderungen des Wechsels?
Aufgrund meiner Tätigkeit als Polizeibeamter hatte ich keinerlei Erfahrung in der freien Wirtschaft und auch keinen Bezug zu Nachhaltigkeit. *Meine Herausforderung bestand daher darin, sowohl Berufserfahrung im Start-up-Bereich zu sammeln als auch Menschen kennenzulernen, die sich professionell mit dem Thema Nachhaltigkeit auseinandersetzen.* Für den Aufbau meines Netzwerks war das Nachhaltigkeitsstudium dann ein wichtiger Türöffner.

Welche Aufgaben umfasst Ihre Rolle? Wie sieht ein typischer Arbeitstag für Sie aus?
In meiner derzeitigen Rolle bin ich Projektkoordinator in einer sozialen Initiative, die sich für einen Dialog der Generationen einsetzt und SchülerInnen und SeniorInnen verbindet. Diese Zeilen schreibe ich im Zug, da ich zwischen Düsseldorf und Hamburg pendle. Meine Arbeitstage kann ich recht frei gestalten und sie beinhalten in der Regel Teammeetings, Austausch mit unseren Kooperationspartnern sowie Weiterentwicklung und Finanzierung der Initiative.

Was würden Sie BerufsumsteigerInnen raten, die in das Nachhaltigkeitsmanagement wechseln möchten?
Selbstverständlich helfen ein großes Netzwerk und eine fundierte Weiterbildung. Aber worauf es ankommt: *Ein Berufswechsel führt zu Unsicherheiten, die Komfortzone wird verlassen, man fängt stückweise wieder von vorne an und macht gefühlt erst mal einen großen Schritt zurück. Um das durchzustehen, braucht es Ausdauer und Vertrauen.* Ein Vertrauen, dass in den vielen kleinen Schritten vorwärts früher oder später ein roter Faden erkennbar wird und sich die Dinge fügen. Also heißt es dranbleiben und zäh sein. Veränderung ist nicht immer leicht, aber es lohnt sich.

Welche Weiterbildungen haben Ihnen besonders geholfen?
Mir hat der berufsbegleitende Fernstudiengang MBA Sustainability Management an der Leuphana Universität in Lüneburg geholfen, sowohl für meine professionelle Expertise als auch für mein Netzwerk.

5.2.4 Wechsel in die Nachhaltigkeit innerhalb des gleichen Unternehmens

Interview mit Rebecca Röcher

Head of Sustainability, Mast-Jägermeister SE (bis Juni 2022)

Zur Person: **Rebecca Röcher** absolvierte zunächst bei Nestle und an der DHBW in Mannheim ein duales Studium in Betriebswirtschaftslehre mit Schwerpunkt Industrie und arbeitete anschließend bei American Express als strategische Einkäuferin. Danach studierte sie International Business Management (M.A.) an der FH Aachen. Es folgten Stationen bei einem Fintech-Unternehmen und einer IT-Beratung. 2019 stieg sie als Venture Managerin bei der Investment Unit der Firma Mast-Jägermeister SE ein. 2020 wechselte sie intern auf die neu geschaffene Rolle Head of Sustainability. Sie teilte sich die Rolle mit einer Kollegin im Rahmen eines Jobsharingmodells.

Wann und wieso haben Sie sich für einen Wechsel in die Nachhaltigkeit entschieden?

Das Thema Nachhaltigkeit begleitet mich bereits seit Beginn meines Arbeitslebens – ich hatte damals die Chance, bei Nestlé an unterschiedlichen Projekten im Einkauf mitzuarbeiten und schrieb meine Bachelorarbeit zum Thema nachhaltige Verpackungen. Innerhalb der letzten Jahre verstärkte sich mein Wunsch, mich auch in meiner Arbeitszeit für soziale und ökologische Nachhaltigkeit einzusetzen. Letztes Jahr tat sich dann die passende Gelegenheit auf: Bei Mast-Jägermeister wurde die Stelle Head of Sustainability mit direkter Berichtslinie an den Vorstand neu geschaffen. Das Thema lag vorher im Kommunikationsbereich und man wollte im Unternehmen der steigenden Bedeutung gerecht werden. Also habe ich mich intern beworben und die Stelle bekommen.

Sie teilen sich die Rolle im Tandem mit einer Kollegin. Wie kann man sich das praktisch am Beispiel einer Arbeitswoche vorstellen?
Wir starten direkt immer montags mit einem regelmäßigen gemeinsamen Jour fixe. Hier besprechen wir die Prioritäten und teilen uns die Aufgaben für die Woche auf. Routinetermine, wie z. B. der wöchentliche Jour fixe mit dem Vorstand, nehmen wir abwechselnd wahr. Ansonsten haben wir uns die strategischen Prioritäten aufgeteilt und leiten hier eigenständig jede für sich die Projekte – bleiben aber kontinuierlich im Austausch und greifen uns bei Bedarf gegenseitig unter die Arme.

Worin sehen Sie die Vorteile eines Tandems für die Rolle von NachhaltigkeitsmanagerInnen?
Dadurch, dass meine Tandempartnerin und ich einen unterschiedlichen Background haben, bringen wir sehr heterogene Kompetenzen mit. Somit können wir ein sehr viel breiteres Spektrum abdecken, als es eine Person allein könnte. Das Implementieren von Nachhaltigkeit erfordert außerdem einen langen Atem und eine hohe Frustrationstoleranz. Hier gemeinsam an einem Strang zu ziehen, motiviert sehr, denn wir können jede Herausforderung mit doppelter Schlagkraft bewältigen.

Was würden Sie BerufsumsteigerInnen raten, wenn diese in den Bereich Nachhaltigkeit wechseln möchten?
Trauen Sie sich! Nachhaltigkeit ist ein unglaublich breites Feld, hier brauchen wir so viele schlaue Köpfe wie möglich, um die Herausforderungen unserer Zeit anzugehen.

Für diejenigen, die komplett neu im Thema sind, wäre mein Tipp: *Versuchen Sie, im eigenen Arbeitsbereich Nachhaltigkeitsprojekte zu starten und so Wissen aufzubauen. So können Sie sich kontinuierlich in Richtung Nachhaltigkeit entwickeln und vielleicht auch den Aufbau einer solchen Funktion im Unternehmen anschieben.* Die Coronapandemie hat das Angebot von kostenlosen digitalen Weiterbildungsmöglichkeiten vervielfacht, damit ist ein niedrigschwelliger Start jederzeit möglich.

6

Empfehlungen für den Einstieg

Nachdem in den vorhergehenden Kapiteln die verschiedenen Rollen-
profile in der Nachhaltigkeit vorgestellt wurden, möchten wir mit diesem
Kapitel alle BerufseinsteigerInnen und UmsteigerInnen mit konkreten
und praktischen Empfehlungen auf dem Weg zum nachhaltigen Job
unterstützen. Dazu fassen wir auf Grundlage bestehender Forschungs-
ergebnisse und den für das Buch geführten Interviews zusammen, welche
Kompetenzen es für eine erfolgreiche Karriere in der Nachhaltigkeit
braucht.

Welche Fragen sollte man sich vor der Jobrecherche stellen? Auf welchen Jobportalen findet sich die beste Auswahl von nachhaltigen Jobs?
Zwei Übersichten mit möglichen Leitfragen für den Bewerbungsprozess
und für eine gute Vorbereitung auf die Vorstellungsgespräche schließen
das Kapitel ab.

© Der/die Autor(en), exklusiv lizenziert an Springer-Verlag GmbH, DE, ein Teil von   **127**
Springer Nature 2025
S. Juretzek, S. Broschat, *Nachhaltige Karriere – mit dem richtigen Job die Welt
verändern*, https://doi.org/10.1007/978-3-662-71087-6_6

6.1 Kompetenzen für eine Nachhaltige Karriere

Die Rolle des/der NachhaltigkeitsmanagerIn hat sich über die Jahrzehnte stark verändert und zeigt je nach Nachhaltigkeitsreifegrad des Unternehmens unterschiedliche Ausprägungen. Für alle aber gilt: Nachhaltigkeit ist durch die Breite und Komplexität eine absolute Schnittstellenrolle. Das spiegelt sich auch in den geführten Interviews wider.

Und um diese erfolgreich auszuüben, gibt es neben den fachlichen Kompetenzen eine Reihe weiterer Kompetenzen, die sich für alle als vorteilhaft erweisen. Im Kern ist die Aussage der ExpertInnen: Das Fachwissen kann man sich aneignen, wichtig ist ein ganzheitliches Set an Kompetenzen, um Nachhaltigkeit gegen Widerstände und Zielkonflikte umzusetzen. Beharrlichkeit und Geduld sowie eine hohe Konfliktlösungskompetenz sind beispielsweise wesentlich. In Abb. 6.1 haben wir die bestehenden Forschungserkenntnisse (vgl. Hesselbarth, 2016; Juretzek, 2015) mit den Erkenntnissen aus den Interviews zusammengebracht und dargestellt.

6.2 Praktische Tipps für den Ein- und Umstieg

Mittels der Interviews in diesem Buch wurden die verschiedenen Rollen in der Nachhaltigkeit vorgestellt. Während interessierte Ein- und UmsteigerInnen für sich individuell entscheiden müssen, welches Themenfeld innerhalb der Nachhaltigkeit für sie interessant ist, ist für alle eine Sache gleich: Man muss sich um eine Nachhaltigkeitsstelle in einem Unternehmen bewerben (Ausnahmen stellen u. a. Anfragen von Personalvermittlungen/„Headhuntern" dar).

Zwei Startpunkte für eine nachhaltige Karriere
In einem 2010 veröffentlichten Journalbeitrag stellen Prof. Kai Hockerts, PhD, (Professor an der Copenhagen Business School) und Prof. Dr. Rolf Wüstenhagen (Professor für Management Erneuerbarer Energien an der Universität St. Gallen) die „Greening Goliath" den „Emerging Davids"

PERSONALE KOMPETENZEN ▼

Glaubwürdigkeit

Unternehmerisches / strategisches Denken

Systemisches / ganzheitliches Denken

Frustrationstoleranz

Fachübergreifendes Nachhaltigkeitswissen

Projektmanagement

Präsentationsfähigkeit

Analytische Fähigkeiten

Grundkenntnisse Betriebswirtschaftslehre

▲ **FACH- & METHODEN-KOMPETENZ**

SOZIAL-KOMMUNIKATIVE KOMPETENZEN ▼

Kommunikationsfähigkeit

Konfliktlösungs- & Kompromissfähigkeit

Emotionale Intelligenz / Empathie

Beziehungsmanagement

Führungskompetenz

Beharrlichkeit/ Geduld & Durch-setzungsvermögen

Gestaltungswillen

Kreativität & Innovationsfreudigkeit

Eigenverantwortung

Umsetzungskompetenz

▲ **AKTIVITÄTS- & HANDLUNGS-KOMPETENZEN**

Abb. 6.1 Kompetenzen für eine Karriere in der Nachhaltigkeit

gegenüber. Im Kern geht es um diese Erkenntnis: Es gibt 2 unterschiedliche Wege zur Erreichung von nachhaltigen Innovationen und nachhaltiger Transformation (vgl. Hockerts & Wüstenhagen, 2010).

Es lohnt sich für alle interessierten Ein- und UmsteigerInnen, diesen Beitrag zu lesen und für sich zu beantworten: Möchte ich in einem großen Unternehmen arbeiten, welches Nachhaltigkeit noch in bestehende ökonomische Prozesse integrieren muss? Oder möchte ich vielleicht lieber in einem kleinen Unternehmen arbeiten, dessen Geschäftsmodell auf sozialer und/oder ökologischer Nachhaltigkeit beruht und welches nun wachsen möchte?

Als verkürzte Gegenüberstellung dieser 2 Optionen sowie einen Bezug zu Kap. 1 mit der Unterscheidung von impliziten und expliziten Nachhaltigkeitsrollen siehe Abb. 6.2.

»GREENING GOLIATHS«	»EMERGING DAVIDS«
Einstieg in ein Unternehmen, dessen Geschäftsmodell im Kern auf **ökonomischen Zielen** beruht	Einstieg in ein Unternehmen, dessen Geschäftsmodell auf **sozialen und/oder ökologischen Zielen** basiert (z. B. sogenannte purpose-driven Start-ups)
Implizite ◄ Nachhaltigkeitstätigkeit: Nachhaltigkeit ist in traditionellen Unternehmensrollen integriert, z. B. Director Supply Chain	► **Nachhaltiges Wirken** idealerweise **in jeder Rolle** im Unternehmen möglich, z. B. im Marketing oder im Einkauf
Explizite ◄ Nachhaltigkeitstätigkeit: Als NachhaltigkeitsmanagerIn im zentralen Nachhaltigkeitsmanagement	

Abb. 6.2 Zwei Startpunkte für eine nachhaltige Karriere

Internetseiten für die Jobsuche

Sobald die Entscheidung gefallen ist, welcher Startpunkt für eine nachhaltige Karriere der richtige ist, kann die Jobsuche beginnen. Neben den nachfolgenden Jobportalen (siehe Tab. 6.1), die sich vor allem auf das Angebot von Stellen mit Nachhaltigkeitsbezug spezialisiert haben, lohnt sich ein Blick auf die klassischen Portale, wie beispielsweise stepstone.de oder monster.de. Empfehlenswerte Suchbegriffe sind beispielsweise *ESG, Sustainability, Corporate Responsibility, Nachhaltigkeit, Lieferkette, CSR* und *Corporate Citizenship.*

Für eine Stellenrecherche in den Themenumfeldern Erneuerbare Energien, Landwirtschaft und Umweltmanagement sind außerdem empfehlenswert:

- https://www.green-energy-jobs.net
- https://www.eejobs.de
- http://www.oekojobs.de
- https://biojobboerse.de
- https://www.gruener-stellenmarkt.de

Tab. 6.1 Auswahl geeigneter Jobportale für die Suche nach nachhaltigen Stellen

Greenjobs https://www. greenjobs.de	Gilt als renommiertes Jobportal mit einem breiten Angebot und der Möglichkeit eigene Stellengesuche aufzugeben
JOBVERDE https://www. jobverde.de	Sehr gut aufgestelltes Jobportal, welches neben Stellenanzeigen auch weiterführende Informationen bietet (z. B. Studiengänge, Weiterbildungsangebote und Jobmessen)
Nachhaltige Jobs https://www. nachhaltigejobs.de	Diese Jobbörse hat einen Fokus auf nachhaltig ausgerichtete Unternehmen sowie die Themen Umweltschutz, soziale Arbeit und Bildung Darüber hinaus bietet die Seite regelmäßige Informationen und Interviews
GoodJobs https://goodjobs.eu/ de	Eine Jobbörse, welche nur Stellenanzeigen von Unternehmen aufnimmt, die konkret nachhaltige Aktivitäten und Unternehmensziele vorweisen können
NGOJobs https://www. ngojobs.eu/de	Gilt als wichtige Börse für den Bereich Non-Profit und NGOs: Übersicht von Stellen, Praktika und Ehrenämtern in den Bereichen Umweltschutz, Menschenrechte und soziale Arbeit

Inspiration durch Zeitschriften und Magazine

Folgende Medien eignen sich für eine thematische Annäherung an die aktuellen Fragestellungen der Nachhaltigkeit. Obgleich die gelisteten Empfehlungen eher EndverbraucherInnen in ihrem Privatleben adressieren, kann die Lektüre inspirieren. Gleichzeitig empfiehlt es sich, mit Blick auf anstehende Vorstellungsgespräche zu wissen, welche Trends übergreifend und gegebenenfalls innerhalb der jeweiligen Branchen diskutiert werden:

- enorm – Dieses Wirtschaftsmagazin konzentriert sich auf den gesellschaftlichen Wandel und nachhaltiges Wirtschaften. Seit seiner Gründung im Jahr 2010 berichtet enorm über Unternehmen, Bewegungen und Menschen, die sich ökologischer und gesellschaftlicher Verantwortung verschrieben haben. Der Fokus liegt auf innovativen und nachhaltigen Geschäftspraktiken, die nicht nur profitabel, sondern auch sozial und ökologisch sinnvoll sind.
- Forum Nachhaltig Wirtschaften – Dieses Magazin ist ein führendes deutschsprachiges CSR-Magazin, das sich auf nachhaltiges Wirtschaften und gesellschaftlichen Wandel konzentriert. Es erscheint vierteljährlich und bietet praxisnahes Wissen sowie nützliche Beispiele für Unternehmen. Mit fundierten Beiträgen und innovativen Ideen zeigt das Magazin system- und branchenübergreifend Lösungen für Nachhaltigkeit auf.
- WERDE MAGAZIN – Dieses deutschsprachige Magazin konzentriert sich auf ein nachhaltiges und ökologisches Leben. Es erscheint viermal im Jahr und bietet seinen Lesern grüne Ideen für mehr Nachhaltigkeit, Lebensglück und Zukunftsfreude. Das Magazin berichtet über Menschen und Initiativen, die sich für ökologische und soziale Verantwortung einsetzen, und behandelt Themen wie regenerative Landwirtschaft, Fair Fashion, alternative Wirtschaft und Natur.
- Go Green – Ein Online-Magazin, das die Klimakrise erklärt und nachhaltige Lösungen sowie Produkte vorstellt. Es behandelt Themen wie Ernährung, Gesundheit, Mobilität und Umweltschutz im Alltag.

- Nachhaltige Industrie – Eine Fachzeitschrift, die sich auf technische Aspekte der Nachhaltigkeit in der Industrie konzentriert. Sie bietet Informationen zur ressourcenschonenden Gestaltung von Prozessen.
- mint Magazin – Dieses Magazin fokussiert sich auf nachhaltiges urbanes Leben und bietet Artikel über innovative Projekte, Urban Mining und nachhaltige Lebensstile.
- factory, Magazin für nachhaltiges Wirtschaften – Diese Publikation thematisiert ökologisches Design und nachhaltige Produkte sowie Dienstleistungen. Sie diskutiert auch die Notwendigkeit einer Ressourcenwende zur Bekämpfung der Klima- und Artenkrise.
- Sustainability Magazin – Dieses Magazin bietet Einblicke, wie Unternehmen nachhaltiger, resilienter und verantwortungsvoller wirtschaften können. Es behandelt verschiedene Aspekte des Nachhaltigkeitsmanagements und zeigt Best Practices aus verschiedenen Branchen, insbesondere im Immobiliensektor.

Messen mit nachhaltigem Schwerpunkt
Ein Messe- oder Kongressbesuch kann ebenfalls ein guter Einstieg sein für die Jobrecherche und erste Kontaktaufnahme zu potenziellen Arbeitgebern. Die nachfolgende Liste bietet eine verkürzte Übersicht von Veranstaltungen, die dazu anregen soll, nach weiteren Angeboten Ausschau zu halten. Eine weitere Übersicht, die regelmäßig aktualisiert wird, finden Interessierte auf der Homepage von Sebastian Backhaus unter https://www.sebastianbackhaus.de/wissen/veranstaltungen.

- Cradle to Cradle Congress – bietet Einblicke in neue Methoden, Ansätze und Best Practices für die Kreislaufwirtschaft, https://www.c2c-congress.org
- BIOFACH – Messe für Biolebensmittel, https://www.biofach.de
- Heldenmarkt – Vorstellung von Angeboten für alternativen Konsum, https://heldenmarkt.de
- NEONYT – Messe für nachhaltige Fashion, https://neonyt.messe-frankfurt.com/frankfurt/de.html

- GRÜNE WOCHE – weltgrößte Messe für die Themen Landwirtschaft, Gartenbau und Ernährung mit immer größerem Nachhaltigkeitsschwerpunkt, https://www.gruenewoche.de/de/
- FAIR HANDELN – Messe rund um Fair Trade sowie global verantwortungsvolles und nachhaltiges Handeln in Wirtschaft, Mode, Finanzwesen, Tourismus und Entwicklungszusammenarbeit, https://www.messe-stuttgart.de/fairhandeln/
- INNATEX – Messe für nachhaltige Textilien, https://innatex.muveo.de
- Sustainability Kongress – Nachhaltigkeitsmesse für Führungskräfte in der Industrie, https://sustainability-kongress.de/
- Greentech Festival – Präsentation neuer Technologien und Lösungen für eine nachhaltige Zukunft, https://greentechfestival.com/
- B.A.U.M. Jahrestagung – Tagung zu aktuellen Herausforderungen und Entwicklungen im Bereich nachhaltiges Wirtschaften, https://www.baumev.de/Jahrestagung.html
- Hamburg Sustainability Conference – Konferenz mit dem Fokus auf die Umsetzung der UN-Nachhaltigkeitsziele, https://www.sustainability-conference.org/en/
- Impact – Festival – Festival für Green-Tech Startups, KMUs und Nachhaltigkeitsmanager, https://impact-festival.earth/de/

Vorbereitung auf Bewerbungsverfahren und Vorstellungsgespräche
Als letzte praktische Tipps finden alle, die sich im ersten Schritt erfolgreich auf eine Stellenbeschreibung beworben haben, einerseits Leitfragen für die Vorbereitung auf Vorstellungsgespräche (siehe Abb. 6.3) und andererseits mögliche Fragen an die UnternehmensvertreterInnen (siehe Abb. 6.4).

 Kennen Sie Personen, die im Unternehmen arbeiten oder Ihnen ihren **Eindruck vom Nachhaltigkeitsbereich/ -engagement** schildern können?

 **Kommuniziert das Unternehmen öffentlich über die Nachhaltigkeitsaktivitäten?** Wie ganzheitlich und ernsthaft schätzen Sie diese ein?

 Falls das Unternehmen einen Nachhaltigkeitsbericht veröffentlicht – wie wirken die Angaben auf Sie? **Kommuniziert das Unternehmen konkrete Nachhaltigkeitsziele** und darauf bezogen Fortschritte zur Erreichung dieser?

 Hat das Unternehmen **Wettbewerber** und wie würden Sie diese mit Blick auf Nachhaltigkeit einordnen?

 Gibt es innerhalb der Branche konkrete **Nachhaltigkeitstrends oder Innovationen?**

Abb. 6.3 Leitfragen für die Jobsuche

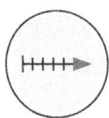 Was ist die **Historie des Themas Nachhaltigkeit** im Unternehmen? Wo sehen Sie das Unternehmen in **10 Jahren?**

 Was waren bisher für das Unternehmen die **Treiber, sich mit Nachhaltigkeit zu beschäftigen?**

 Gibt es in der Führungsebene Unterstützung für das Engagement? Hat der Nachhaltigkeitsbereich ein **eigenes Budget, um Ideen und Innovationen umzusetzen?**

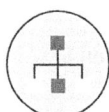 Wo ist der Bereich im Unternehmen aufgehangen und an welche Führungsebene berichtet der Nachhaltigkeitsbereich? **Wie ist der Nachhaltigkeitsbereich aufgebaut?**

 **Wie sieht das Tagesgeschäft in der Rolle aus?** Mit welchen Unternehmensbereichen arbeitet man am meisten zusammen?

 Gibt es mit Blick auf Nachhaltigkeit gegenwärtig eine besonders **große Herausforderung oder Chance,** die das Unternehmen bzw. die gesamte Branche betrifft?

 Wenn Zeit und Geld keine Rolle spielen würde, **welches Nachhaltigkeitsprojekt würden Sie am liebsten umsetzen?**

Abb. 6.4 Mögliche Fragen an die UnternehmensvertreterInnen in Vorstellungsgesprächen

Literatur

Hesselbarth, C. (2016). Was muss ein Nachhaltigkeitsmanager können? – Kompetenzen in der akademischen Aus- und Weiterbildung im Nachhaltigkeitsmanagement. In R. Antes, M. Müller, & B. Siebenhüner (Hrsg.), *Umweltmanagement im Nachhaltigkeits- und Verhaltenskontext* (S. 155–172). Metropolis.

Hockerts, K., & Wüstenhagen, R. (2010). Greening Goliaths versus emerging Davids. *Journal of Business Venturing, 25*, 481–492.

Juretzek, S. (2015). *Die Bewältigung von Corporate Sustainability-Dilemmata im Rahmen der Umsetzung von Corporate Sustainability-Strategien: eine Delphi-Studie zu Kompetenzen und Rahmenbedingungen zur Dilemmata-Bewältigung.* Leuphana Universität Lüneburg.

7

Abschluss & Ausblick

Abschließen möchten wir in einer positiven Stimmung. Die Rolle des/der NachhaltigkeitsmanagersIn ist im Unternehmen relevanter denn je, bereits umgesetzte und neue regulatorische Anforderungen manifestieren die Rollen, Unternehmen bauen ihre Nachhaltigkeitsexpertise aus, Hochschulen ihre Curricula um, BerufseinsteigerInnen und UmsteigerInnen wollen einen Beitrag zur nachhaltigen Entwicklung leisten.

Auch der neue IPCC-Bericht aus 2023 zeigt wieder – es ist noch viel zu tun. Und gerade, weil dem so ist, möchten wir Sie auf dem Weg dahin ermutigen. Es braucht heute die richtigen Leute an den richtigen Stellen mehr denn je. Neben dem Wissen, an der richtigen Sache zu arbeiten, schätzen unsere InterviewpartnerInnen, ob an der Hochschule oder im Unternehmen, die Vielfalt, die der Job mit sich bringt – kein Tag ist wie der andere. Kein Job zuvor war so sinnstiftend.

Die Interviews haben uns gezeigt: Viele Wege führen zum Ziel. So viele, dass wir sie gar nicht abschließend im Buch behandeln können. Jede/r kann sich auf ihre/seine Art und Weise für die Transformation einsetzen. Wer motiviert ist, findet einen Weg. Ob direkt nach dem Studium oder im Laufe der eigenen Karriere. Das Netzwerken wurde dabei von fast allen InterviewpartnerInnen als sehr wichtig beschrieben.

© Der/die Autor(en), exklusiv lizenziert an Springer-Verlag GmbH, DE, ein Teil von Springer Nature 2025
S. Juretzek, S. Broschat, *Nachhaltige Karriere – mit dem richtigen Job die Welt verändern*, https://doi.org/10.1007/978-3-662-71087-6_7

139

Neben der Motivation und dem Netzwerken sind aber durch die Professionalisierung der Rolle auch die fachlichen Kompetenzen entscheidend. Darauf sollte man sich vorbereiten. Wie wir im Kapitel zu den Aus- und Weiterbildungen gezeigt haben. Und auch hier gibt es nicht den einen Weg. Um es mit den Worten von Romy Feldmann (siehe Interview, Abschn. 4.1.1) zu sagen: „Wenn Sie den Willen haben, dass Sie das tun möchten, dann finden Sie auch einen Weg dorthin zu kommen."

Die hohe intrinsische Motivation, die der Beruf mit sich bringt, birgt allerdings die Gefahr, an den Herausforderungen zu scheitern. Nachhaltige Transformation gehört zu den größtmöglichen Veränderungsprozessen für Unternehmen – ein Scheitern liegt damit nicht am eigenen Handeln, sondern oftmals an traditionellen Denkweisen und Strukturen, die es zu überwinden gilt. Das kann ernüchternd sein – man kommt mit hohem Idealismus in eine neue Rolle und stellt plötzlich fest: So einfach ist es nicht. Wie Tobias Hahn rät (siehe Interview, Kap. 3): *Wichtig ist, dass man sich nicht von Misserfolgen unter Druck setzen lässt, sondern diesen Anspruch an sich selbst nicht überhöht.*

Also – packen wir es an, mit einem gesunden Optimismus, Realismus und viel Beharrlichkeit und Geduld!

The manufacturer's authorised representative in the EU is Springer
Nature Customer Service Centre GmbH, Europaplatz 3, 69115 Heidelberg,
Germany. If you have any concerns regarding our products, please
contact ProductSafety@springernature.com

Printed and bound by CPI Group (UK) Ltd, Croydon, CR0 4YY
24/04/2026
02096366-0004